완벽에 대한 **반론**

일러두기

이 책은 2009년 미국 Harvard Universty Press에서 출간한 마이클 샌델의
The Case against Perfection[한국어판 『생명의 윤리를 말하다』(2010, 동녘)]을
새롭게 번역하고 전면 감수한 책이다.

The Case against Perfection
: Ethics in the Age of Genetic Engineering

Copyright © 2007 by Michael J. Sandel
Published by arrangement with Harvard University Press.
All rights reserved.

Korean translation copyright © 2016 by Mirae N Co., Ltd.
Korean translation rights arranged with Harvard University Press
through EYA(Eric Yang Agency).

이 책의 한국어판 저작권은 EYA(Eric Yang Agency)를 통한
Harvard University Press 사와의 독점 계약으로 ㈜미래엔에 있습니다.
저작권법에 의해 한국 내에서 보호를 받는 저작물이므로 무단전재와 복제를 금합니다.

생 명 공 학 시 대 , 인 간 의 욕 망 과 생 명 윤 리

마이클 샌델

The Case against
PERFECTION
완벽에 대한 반론

김선욱 감수 | 이수경 옮김

와이즈베리
WISEBERRY

이 책을 향한 찬사

왜 우리는 유전공학을 통해 신체적·정신적 능력을 향상시키는 것을 재고해 봐야 하는가? 샌델은 세속적 철학에 기대어 이에 대한 해답을 탐구한다. (…) 줄기세포 연구에 대한 명쾌한 윤리적 분석은 공공철학을 향한 그의 업적을 더욱 빛나게 한다.

— 〈북리스트〉

수년간 대리 임신과 착상 전 유전진단 등의 '복제' 이슈와 관련하여 두 가지 감정이 병존했었다. 나는 이 책을 읽고 나서야 비로소 이를 설명할 수 있는 핵심가치에 이름을 붙일 수 있게 되었다. 그것은 바로 '수용'과 '연대'이다.

— 애니타 L. 앨런(펜실베이니아 로스쿨 교수), 〈크로니클 오브 하이어 에듀케이션 Chronicle of Higher Education〉

미국의 가장 중요한 도덕철학자이자 정치철학 사상가 중 한 명인 샌델의 명료한 주장이 담긴 이 책은, 유전공학과 줄기세포 연구를 둘러싼 오늘날의 윤리적 논쟁과 직결된 핵심적인 이슈들에 대한 이해에 성큼 다가가게 해준다.

— 가브리엘 그바다모시(영국 시인·극작가), BBC 라디오

진보적 사고와 보수적 사고의 엄청난 간극을 고려해볼 때, 바야흐로 철학자가 생명공학 분야를 논의할 시기가 도래했다. 샌델은 이 책을 통해 왼쪽과 오른쪽에 치우치지 않으면서 그 역할을 매우 잘 수행하고 있다. 그는 새롭게 떠오르는 생물정치학의 중요성을 놓쳐버린 진보에게 중요한 도전을 제안한다.

— 조녀선 모레노(펜실페이니아 대학교 의학윤리·보건정책학 교수), 〈데모크라시 Democracy〉

완벽에
대　한
반　론

샌델은 '인간성을 훼손하지 않으면서 생의학의 가능성과 힘을 확장시킬 수 있는 방법은 무엇인가?'라는 우리 시대의 가장 중요한 물음을 탐구한다. 그의 논지는 정확하면서 날카로우며 논리적이면서도 인간적이다.

— 제롬 그루프먼(하버드 의과대학 교수), 『닥터스 씽킹』 저자

인간 복제, 줄기세포 연구, 강화 약물 복용 등 일부 유전공학 기술에 느낀 불편함의 정체가 무엇인지 도무지 설명할 수 없었다면, 이 책이 도와줄 것이다. 더불어 샌델은 당신이 어떤 입장을 취해야 하는지도 알려준다.

— 마이클 킨슬리(칼럼니스트), 『빌 게이츠의 창조적 자본주의』 저자

샌델의 논지는 결국 우리가 유전적 강화에 대해 느끼는 본능적인 거부감을 직시하게 만든다. 그의 목표는 그 거부감의 도덕적 근원을 논리정연하게 밝히는 것이다. (…) 샌델은 건강과 강화 사이의 경계선에 대해 생각해 보고, 이 과잉경쟁 사회에서 우리의 본성을 재설계하는 행위가 결국 어떤 결과를 가져올 것인지 진지하게 숙고해 보라고 촉구한다.

— 미셸 프리드모어 브라운(스탠포드 대학교 여성과 젠더 연구소장),
〈타임스 리터러리 서플먼트 Times Literary Supplement〉

세상에 완벽한 인간은 없다. 샌델의 저작은 누구도 완벽해져서는 안 된다는 유익하고도 흥미로운 주장을 펼친다.

— 유발 레빈(前 생명윤리 위원회 위원장), 〈뉴욕 선 New York Sun〉

애덤과 애런에게

서문

내가 윤리학과 생명공학에 관심을 갖게 된 것은 2001년 말 대통령 생명윤리 위원회 President's Council on Bioethics의 위원으로 참여해달라는 뜻밖의 초대를 받고 나서였다. 나는 전문 생명윤리학자는 아니지만, 저명한 과학자, 철학자, 신학자, 의사, 법학자, 공공정책 전문가들과 함께 줄기세포 연구나 생명체 복제 등의 주제에 대해 진지하게 토론할 수 있는 기회라는 생각에 큰 호기심이 일었다. 실제로 그들과의 토론은 대단히 고무적이어서 내게 강렬한 지적 자극을 주었고, 마침내 그것을 계기로 내 강의와 저술에서도 이 주제를 다뤄야겠다고 결심하게 되었다.

내가 참여한 4년 동안 대통령 생명윤리 위원회의 위원장이었던 레온 카스 Leon Kass는 수준 높은 토론을 이끌며 맡은 바 임무를 다했다. 철학적으로나 정치적으로 우리 둘은 상당히 의견이 다르지만 나는 중요한 문제들을 꿰뚫는 그의 정확한 시각을 존경한다. 그리고 여타 정부

기관들이 거의 하지 않는 중요하고 광범위한 생명윤리 연구에 나를 비롯한 위원들이 참여할 수 있게 해준 것에 대해 감사한다.

특히 내가 큰 흥미를 느낀 것은 '유전적 강화genetic enhancement의 윤리' 였다. 이것을 주제로 쓴 짧은 발제문을 위원회에 제출했고, 이후 컬런 머피Cullen Murphy의 권유로 이 글을 소논문으로 만들어서 2004년 〈애틀 랜틱 먼슬리Atlantic Monthly〉에 실었다. 컬런은 저자에게 더없이 완벽한 파 트너 역할을 해주는 편집자로 비평 능력뿐만 아니라 날카로운 도덕적 감성과 예리한 편집 감각까지 겸비했다. 이 책의 제목도 그가 제안했 으며, 자신이 편집하는 잡지에 처음 실렸던 같은 제목의 내 논문이 빛 을 발할 수 있게 해준 은인이다. 아울러 이 책의 토대가 된 논문 편집 에 도움을 준 코비 커머Corby Kummer에게도 감사한다.

지난 몇 년간 윤리학과 생명공학 세미나를 통해 하버드 대학의 학 부생과 대학원생, 로스쿨 학생들과 함께 이 책의 주제들을 연구하는 특권을 누렸었다. 2006년에는 동료이자 친구인 더글러스 멜턴Douglas Melton과 협력하여 학부생들을 위해 '윤리학과 생명공학, 그리고 인간 본성의 미래'라는 강의를 신설했다. 더글러스는 뛰어난 생물학자이자 줄기세포 분야의 선구자일 뿐만 아니라 얼핏 무의미해 보이지만 문제 의 핵심을 꿰뚫는 질문을 던지는 철학자적 소양을 지니고 있다. 그와 함께 연구를 진행하는 것은 더없이 즐거운 과정이었다.

완벽에
대   한
반   론

이 책에 소개된 다양한 주제들을 여러 차례 강의할 수 있었던 것도 감사하기 그지없다. 프린스턴 대학의 모펫 강의, 뉴욕 대학 의학대학원의 겔러 강의, 한국 서울에서 열린 다산기념 철학강좌, 독일 생명과학윤리센터[DRZE] 주최로 베를린에서 열린 국제 컨퍼런스의 공개 강의, 파리에 위치한 콜레즈 드 프랑스의 공개 강의, 미국국립보건원[NIH]과 존스홉킨스 대학, 조지타운 대학이 공동 후원한 생명윤리 학회 등이 그것이다. 그런 여러 자리에서 많은 이들의 의견과 비판을 통해 참으로 귀한 것을 배울 수 있었다. 또한 하버드 로스쿨 하계 연구 프로그램과 카네기 재단의 카네기 스콜라스 프로그램의 지원에도 감사한다. 덕분에 (이 주제와 전적으로 무관하지는 않은) 시장의 도덕적 한계에 관한 프로젝트도 계속 진행할 수 있었다.

아울러 하버드 대학 출판부의 편집자 마이클 애런슨[Michael Aronson]에게 감사를 표한다. 그의 한없는 인내심과 배려 덕분에 이 책이 완성될 수 있었다. 원고를 꼼꼼하게 교정 교열해준 줄리 헤이건[Julie Hagen]에게도 감사한다. 마지막으로 아내 키쿠 아다토[Kiku Adatto]에게 마음 깊이 고마움을 전한다. 그녀의 뛰어난 지적·영적 감수성은 이 책도, 내 삶도 한층 높은 수준으로 끌어올려 주었다. 지금 모습 그대로 완벽한 두 아들 애덤[Adam]과 에런[Aaron]에게 이 책을 바친다.

마이클 샌델[Michael J. Sandel]

차례

The Case against
PERFECTION

01

강화의 윤리학

몇 년 전 한 커플이 아이를 갖기로 결정했다. 단, 소리를 듣지 못하는 아이를 원했다. 레즈비언 커플인 샤론 듀셰스노 Sharon Duchesneau 와 캔디 매컬로 Candy McCullough 는 청각장애인이었고, 그런 사실을 자랑스럽게 여겼다. 청각장애인 공동체의 다른 사람들과 마찬가지로 이들은 듣지 못하는 것을 치료해야 할 장애가 아니라, 하나의 문화적 정체성이라고 생각했다. 듀셰스노는 "듣지 못하는 것은 그저 삶의 방식일 뿐이다. 우리는 소리를 듣지 못하지만 스스로 온전하다고 느끼며, 청각장애인 공동체의 훌륭한 소속감과 유대감을 아이에게도 느끼게 해주고 싶다. 우리는 귀가 들리지 않아도 진정 풍요로운 삶을 누리고 있다."[1]고 말했다.

두 사람은 청각장애 자녀를 갖기 위해, 5대째 청각장애를 갖고 있는 가족 출신인 정자 기증자를 찾아냈다. 그리고 그들의 바람은 현실로

이뤄졌다. 아들 고뱅Gauvin이 청각장애로 태어난 것이다.

그들의 이야기가 〈워싱턴 포스트Washington Post〉에 소개된 후 엄청난 비난이 쏟아지는 것을 보고 그들은 무척 놀랐다. 대부분의 세상 사람들은 그들이 자식에게 고의로 장애를 유발했다는 사실에 분노했다. 듀셰스노와 매컬로는 듣지 못하는 것은 장애가 아니라고 항변하면서 단지 자신들과 같은 아이를 갖고 싶었을 뿐이라고 주장했다. 듀셰스노는 "우리는 우리 행동이 이성애자 커플들이 아이를 가질 때 하는 행동과 크게 다르지 않다고 본다."라고 말했다.[2]

계획적으로 자녀를 청각장애로 만드는 것은 잘못된 일인가? 만일 그렇다면 왜 잘못인가? 청각장애를 유발했기 때문에? 계획적으로 그렇게 했기 때문에? 듣지 못하는 것이 장애가 아니라 하나의 특별한 정체성이라고 가정해보자. 그렇다 해도 부모가 자신이 가질 자식을 원하는 모습대로 선택하는 것은 잘못된 일인가? 배우자를 택할 때 앞으로 태어날 2세를 염두에 두는 것이나 아이를 갖기 위해 새로운 보조 생식 기술의 도움을 받는 것을 생각해보면, 그것은 본래 부모들의 일반적인 행동 경향이 아닌가?

계획적으로 청각장애 자녀를 가진 부모가 논란이 되기 얼마 전, 하버드 대학 교내신문 〈하버드 크림슨Harvard Crimson〉과 다른 아이비리그 대학들의 교내신문에 광고 하나가 실렸다. 불임 부부가 난자 제공자

완벽에
대   한
반   론

를 찾는 광고였는데 특별한 조건들이 붙어 있었다. 난자를 제공하는 여성은 키가 175센티미터쯤에 탄탄한 몸매여야 하고 가족 병력이 없어야 하며 대학수학능력시험인 SAT 점수가 1400점 이상이어야 했다. 이 요건을 충족하는 난자 제공자에게는 5만 달러(약 5900만 원)를 주겠다고 쓰여 있었다.[3]

최상급 난자를 얻는 대가로 두둑한 액수를 제안한 이 불임 부부는 자신들과 비슷한 아이를 원한 것인지도 모른다. 아니면 자신들보다 키가 크고 똑똑한 아이를 원했을 수도 있다. 어느 쪽이 됐건, 그들이 낸 특별한 광고에는 일부러 청각장애 아이를 낳은 커플의 경우와 달리 대중의 비난이 쏟아지지 않았다. 키와 지능, 뛰어난 신체조건이 아이에게 주어지지 말아야 할 장애라고 항의하는 사람은 아무도 없었다. 그럼에도 그 광고에는 여전히 도덕적인 불편함이 존재한다. 설사 아무런 해악이 발생하지 않았다고 하더라도, 특정한 유전적 특성을 가진 아이를 '주문'하려는 부모의 행동에는 아무런 문제가 없는 것일까?

청각장애 자녀나 높은 SAT 점수를 받을 수 있는 자녀를 낳으려는 시도를 옹호하는 이들도 있다. 그들은 한 가지 결정적 측면에서 자연적인 출산과 유사하다고 말한다. 바로 부모가 원하는 특성을 지닌 아이를 낳을 확률을 높이려고 아무리 애써도 원하는 결과를 100퍼센트

보장받을 수는 없다는 점이다. 어느 경우든 예측 불허의 유전학적 운에 따른 영향을 받는다. 즉 유전적 제비뽑기의 결과를 100퍼센트 예측하기는 불가능하다. 이와 같은 옹호론은 한 가지 흥미로운 의문을 불러일으킨다. 왜 예측 불가능함이라는 요소가 도덕적인 면에서 차이를 낳은 것처럼 보이는가? 생명공학 발전으로 불확실성이 제거되어 아이들의 유전적 특성을 마음대로 설계할 수 있다면 어떻게 되는가?

이 문제와 관련하여 잠시 아이를 제쳐놓고 애완동물을 생각해보자. 계획적으로 청각장애 자녀를 낳은 커플에 대한 논란이 발생하고 1년쯤 지났을 무렵, 미국 텍사스에 사는 줄리라는 여성(성姓은 밝히기를 거부했다)은 사랑하는 고양이 니키가 죽어서 슬픔에 빠져 있었다. "그 녀석, 얼마나 예뻤는지 몰라요. 머리도 어찌나 영리했는지 제가 명령하는 말도 열한 가지나 알아들었답니다." 그녀는 캘리포니아에 있는 제네틱 세이빙스 앤드 클론Genetic Savings & Clone이라는 회사가 고양이 복제 서비스를 제공한다는 글을 읽은 적이 있었다. 이 회사는 2001년 처음으로 고양이 복제에 성공했다(고양이 이름은 '판박이'라는 뜻인 'Carbon Copy'를 줄여 CC라고 붙였다). 줄리는 니키의 유전자 샘플과 복제 비용 5만 달러를 회사로 보냈다. 그로부터 몇 달 뒤 그녀는 뛸 듯이 반가운 선물을 받았다. 죽은 고양이와 유전적으로 동일한 '리틀 니키'를 품에 안게 된 것이다. 그녀는 말했다. "정말 똑같아요. 니키랑 다른 점이라

완벽에
대 한
반 론

곤 하나도 없어요."[4]

이후 이 회사는 복제 가격을 낮췄고 현재는 3만 2000달러에 고양이를 복제해준다. 이것도 여전히 비싼 금액이긴 하지만 다음과 같은 환불 규정을 마련해놓고 있다. "복제 고양이가 유전자 제공 고양이와 똑같지 않다고 느끼신다면, 비용을 무조건 전액 환불해드리겠습니다." 한편 이 회사의 과학자들은 복제 개를 생산하는 시스템도 개발 중이다. 개는 고양이보다 복제가 더 어렵기 때문에 비용은 10만 달러 이상이 될 예정이다.[5]

많은 사람들이 고양이나 개의 상업적 복제에 불편한 마음을 갖게 된다. 집도 없이 길거리를 떠도는 동물들이 부지기수인데 맞춤형 애완동물 복제에 엄청난 거금을 들이는 것은 지나친 일이라고 불만을 표하는 사람들도 있다. 또 어떤 이들은 성공적인 복제물을 만들기 위해 임신 중 죽는 동물들이 많아질 것이라며 걱정한다.

하지만 만일 이런 문제들을 모두 해결할 수 있다고 가정해보자. 그래도 사람들은 여전히 고양이나 개 복제를 망설일 것인가? 또 인간 복제와 관련한 문제는 어떠한가?

불안감의 근원

유전학의 획기적인 발전은 밝은 전망과 어두운 우려를 동시에 안겨준다. 유전학은 인간을 괴롭히는 다양한 질병을 치료하거나 예방할 길을 열어준다는 점에서 밝은 전망을 제공한다. 우려되는 점은 새로운 유전학적 지식으로 인해 자연으로서의 우리 모습을 마음대로 조작할 수 있을지도 모른다는 사실이다. 가령 근육의 힘과 기억력과 기분을 향상시키고, 자녀의 성별과 키를 비롯한 유전적 특질을 선택하고, 신체적·인지적 능력을 개선하고, 우리 자신을 "비할 데 없는 최선의 상태"로 만드는 것이 가능해지는 것이다.[6] 많은 이들이 일부 유전공학 기술들에 대해 모종의 불안감을 느끼지만 그런 불안감의 이유를 분명하게 설명하기는 쉽지 않다. 윤리적·정치적 담론의 자리에서 흔히 등장하는 표현들로는 자연으로서의 우리를 공학적으로 재설계reengineering하는 것이 왜 잘못되었는지 설명하기 어렵다.

복제 문제로 다시 돌아가보자. 1997년, 탄생 사실이 공식 발표된 복제 양 돌리Dolly는 인간 복제 가능성에 대한 심각한 우려를 야기했다. 여기에는 그럴 만한 의학적 이유가 존재한다. 대부분의 과학자들은 복제가 안전하지 못하며 심각한 기형이나 선천적 결함을 지닌 2세를 만들어낼 가능성이 높다고 말한다. 돌리도 양의 평균수명에 훨씬 못

완벽에
대 한
반 론

미쳐 사망했다.

그러나 만일 복제 기술이 발전하여 그런 위험도가 자연임신의 경우와 별반 다르지 않게 된다고 가정해보자. 그래도 인간 복제에 반대해야 하는가? 부모 중 한쪽과 유전적 쌍둥이인 자녀나 비극적으로 사망한 형제와 유전적 쌍둥이인 자녀를 만드는 일이 왜 잘못됐는가? 또는 뛰어난 과학자나 스포츠 선수, 유명인사와 유전학적으로 똑같은 인간을 만드는 것이 왜 잘못됐는가?

어떤 이들은 복제가 옳지 않은 것이 태어날 아이의 자율권을 침해하기 때문이라고 말한다. 부모가 아이의 유전적 구성을 미리 선택함으로써 이전에 살았던 누군가의 그림자와 같은 삶을 아이에게 부여하여, 스스로 미래를 열어갈 권리를 빼앗게 된다는 것이다. 자율권에 근거한 반대론은 복제에 대해서뿐만 아니라, 자녀의 유전적 특성을 선택할 수 있는 모든 종류의 생명공학 기술에 대해서도 제기될 수 있다. 이러한 반대론에 따르면 유전공학이 야기하는 문제는 '맞춤 아기'가 온전한 자유로움을 가질 수 없다는 점이다. 가령 음악적 재능이나 운동 능력을 높이는 것과 같이 선호할 만한 유전적 강화라 할지라도, 그것은 아이의 삶을 특정한 방향으로 미리 정해버리는 것이기 때문에 자율권을 손상시키고 스스로 인생을 선택할 권리를 침해하게 된다는 것이다.

얼핏 보기에 자율성 논지는 인간 복제와 여타 형태의 유전공학이 지닌 문제를 잘 포착한 것처럼 느껴진다. 그러나 이 논리는 설득력이 떨어진다. 이유는 두 가지다. 첫째, 부모가 미리 유전적 구성을 선택하지 않는다면 아이가 자신의 신체적 특성을 스스로 자유롭게 선택할 수 있다는 그릇된 가정을 함축하고 있다. 자기 자신의 유전적 특성을 선택해 태어날 수 있는 사람은 아무도 없다. 복제 아이나 유전적으로 강화된 아이 대신에 선택 가능한 것은, 특정한 재능에 의해 삶의 방향이 편향되지 않은 자유로운 아이가 아니라 유전적 제비뽑기에 맡겨진 아이다.

둘째, 자율성에 대한 관심이 맞춤 아기에 대한 우려를 일부 설명해준다 할지라도 자기 자신을 위해 유전적 강화를 원하는 사람들에 대한 도덕적 망설임은 설명해주지 못한다. 유전학적 개입의 모든 결과가 자손에게 전달되는 것은 아니다. 근육이나 두뇌 세포 같은 비생식 세포(즉 육체 세포)에 대한 유전자 치료법은 결함 있는 유전자를 복구하거나 대체하는 방식이다. 질병치료 목적이 아니라 건강한 신체를 더 높은 수준으로 만들기 위해, 신체적·인지적 능력을 향상시키기 위해, 자신의 몸을 정상 수준 이상으로 끌어올리기 위해 그러한 치료법을 이용하는 것은 도덕적인 불편함을 초래한다.

이와 같은 도덕적인 불편함은 자율권 침해와 아무 상관이 없다. 난자와 정자, 혹은 배아를 대상으로 하는 생식 계열의 유전적 개입만이 이후 세대에 영향을 미친다. 운동선수가 유전학 기술로 근육을 강화했다고 해도 그렇게 향상된 신체 속도와 능력이 자식에게 전달되지는 않는다. 우리는 그가 자신의 재능을 자식에게 억지로 떠안겨 운동선수가 되도록 만들었다고 비난할 수 없다. 그럼에도 우리는 여전히 유전공학 기술로 몸을 강화한 운동선수에 대해 모종의 불편한 감정을 느낀다.

성형 수술과 마찬가지로 유전적 강화는 비의학적 목적을 위해 의학적 수단을 사용한다. 즉 유전적 강화의 목적은 질병의 치료나 예방, 신체적 손상 복구, 건강회복과 관계가 없다. 그러나 성형 수술과 달리 유전적 강화는 단순히 미용을 위한 것이 아니며 피부에 가하는 수술 그 이상의 의미를 내포한다. 자손에게 유전적으로 전달되지 않는 육체 강화라 할지라도 심각한 도덕적 문제를 촉발한다. 우리가 처진 턱과 이마의 주름살을 위해 성형 수술이나 보톡스 시술을 받는 것에 대해 찬반의 상반된 감정을 동시에 느낀다면, 더 뛰어난 신체 능력이나 기억력, 더 높은 지능, 더 행복한 기분을 위해 유전공학 기술을 활용하는 것에 대해서는 더욱더 불편한 기분을 느낀다. 문제는 그런 불편한 감정을 느끼는 것이 옳은가 하는 점이다. 그리고 만약 옳다면, 그 이유는 무엇일까?

오늘날은 과학의 발전 속도가 도덕적 이해의 발전 속도보다 더 빠르기에, 사람들은 이와 같은 윤리적 불안감의 이유를 제대로 설명하지 못하고 힘겨워한다. 자유주의 사회에 사는 이들은 자율성과 공정함, 개인의 권리 같은 개념에 먼저 눈을 돌린다. 그러나 이런 개념들은 복제와 맞춤 아기, 유전공학이 제기하는 어려운 문제들을 해결할 만한 수단을 제공해주지 못한다. 그래서 게놈 혁명이 일종의 도덕적 현기증을 초래한 것이다.

유전적 강화의 윤리라는 문제와 씨름하려면, 현대사회에서 거의 간과되고 있는 문제들을 마주할 필요가 있다. 바로 자연의 도덕적 지위에 관한 문제, 주어진 이 세계에서 인류가 취해야 할 적절한 태도에 관한 문제가 그것이다. 이런 문제는 거의 신학의 영역에 가깝기 때문에 현대의 철학자들과 정치학자들은 기피하려는 경향이 있다. 그러나 생명공학의 새로운 힘을 갖게 된 우리는 이제 더 이상 그런 문제를 외면할 수가 없다.

유전공학

이러한 현 상황을 더욱 깊게 이해하기 위해, 이미 수면 위에 떠오른 생명공학 기술의 네 가지 사례를 살펴보자. 근육 강화, 기억력 강화, 신장 강화, 성별 선택이 그것이다. 이들 기술은 모두 처음에는 질병치료나 유전적 질환 예방을 위해 시작됐지만, 이제는 신체 기능 개선이나 소비자 선택을 위한 도구가 될 조짐을 보이고 있다.

| 근육 강화 |

근이영양증(단백질 결핍에 의해 몸의 근육이 굳는 유전성 질환 – 옮긴이)을 완화하거나 노화에 따른 근육 감퇴를 막기 위한 유전자 치료법에는 누구나 찬성할 것이다. 그런데 만일 운동선수가 유전학 기술로 신체 능력을 향상시킨다면 어떨까? 과학자들은 쥐의 근육세포에 주입하면 근육을 강화시키고 노화에 따른 근육 퇴화를 막을 수 있는 합성 유전자를 개발해냈다. 이러한 성공은 해당 기술을 인간에게도 적용할 수 있는 가능성을 암시한다. 이 연구를 진행한 H. 리 스위니H. Lee Sweeney 박사는 이런 기술이 거동이 불편한 노인들의 치료에 기여할 수 있으리라 기대했다. 그런데 경기에서 경쟁 우위를 높이려는 운동선수들이 스위니 박사의 근육 강화 쥐들에 관심을 보이고 있다.[7]

이 합성 유전자는 손상된 근육을 복구할 뿐만 아니라 건강한 근육을 한층 더 강화할 수도 있다. 이 유전자 치료법을 인간에게 적용하는 것은 아직 허용되지 않았지만, 이 기술을 이용해 능력을 향상시킬 역도선수나 야구 타자, 미식축구 수비수, 단거리 육상선수를 상상하기는 어렵지 않다. 프로스포츠 세계에서 스테로이드나 여타 운동 능력을 향상시킬 수 있는 약물을 복용하는 일이 자주 발생하는 것으로 보아, 많은 운동선수가 유전적 강화를 적극적으로 이용하려 할 것이다. 국제올림픽위원회[IOC]는 약물과 달리 변형된 유전자는 소변이나 혈액 검사로 찾아낼 수 없다는 사실을 이미 우려하기 시작했다.[8]

운동선수들이 유전적 강화를 활용할 가능성은 이 기술을 둘러싼 윤리적 난제를 잘 보여주는 사례다. IOC와 프로스포츠 리그들은 운동선수의 유전학적 강화를 금지해야 하는가? 만일 그렇다면 그 근거는 무언인가? 약물 사용을 금지하는 가장 흔한 두 가지 이유는 안전성과 공정성이다. 첫째, 스테로이드는 인체에 해로운 부작용을 야기한다. 둘째, 이런 심각한 건강상 리스크에도 불구하고 약물을 통한 경기 능력 향상을 허용하면 상대적으로 다른 경쟁 선수들이 불리하므로 공정성에 위배된다. 하지만 만일 근육 강화 유전자 치료법이 안전하다고, 또는 적어도 혹독한 근력 트레이닝 방식보다 위험도가 높지 않다고 가정해보자. 그래도 여전히 금지해야 할 이유가 있을까?

유전자 기술의 도움으로 SUV를 단숨에 번쩍 들어올리거나 200미터짜리 홈런을 날리거나 1마일을 3분에 돌파하는 선수를 상상하면 왠지 불편한 감정이 든다. 그런데 정확히 무엇 때문에 그런 감정이 드는 것일까? 마치 현실의 인간 같지 않은 모습이 기괴하게 느껴지기 때문인가, 아니면 그런 불안감이 모종의 윤리적 문제를 드러내기 때문인가?

치료와 강화 사이에는 도덕적 차이가 있는 것으로 보이지만, 그 차이가 정확히 무엇 때문인지는 명확하지 않다. 부상당한 선수가 손상된 근육을 유전자 치료법으로 복구하는 것이 괜찮다면, 유전학 기술로 건강한 근육을 강화해 과거보다 더 향상된 몸 상태로 경기에 출전하는 것은 어째서 잘못인가? 유전적으로 강화된 운동선수는 그렇지 않은 경쟁선수에 비해 불공정한 이익을 얻는다는 주장이 가능할 것이다. 그러나 공정성을 근거로 유전적 강화에 반대하는 논리에는 치명적인 결함이 있다. 유전적으로 남들보다 더 훌륭한 재능을 타고난 이들은 언제나 존재해왔다. 그럼에도 우리는 그런 선천적 불평등이 스포츠의 공정성을 훼손한다고는 생각하지 않는다.

공정성의 관점에서 보면 유전적 강화로 인한 차이는 선천적인 차이와 마찬가지로 나쁜 것이 아니다. 게다가 유전적 강화 기술이 안전하다고 가정한다면 누구나 이 기술을 활용하게 할 수도 있을 것이다. 도덕적 이유로 스포츠에서 유전적 강화를 반대하려면 공정성이 아닌 다른 이유가 필요하다.

| 기억력 강화 |

유전적 강화는 근육뿐 아니라 두뇌에도 활용할 수 있다. 1990년대 중반 과학자들은 초파리의 기억력 관련 유전자를 조작하는 데 성공하여 뛰어난 기억력을 가진 개체를 만들어냈다. 최근에는 기억력 관련 복제 유전자를 쥐의 배아에 주입하여 똑똑한 쥐를 만들어냈다. 이 쥐들은 보통 쥐보다 학습 속도가 빠르고 대상을 기억하는 시간이 길다. 예컨대 한 번 봤던 대상을 더 잘 알아보고 특정 소리가 나면 전기 충격이 발생한다는 사실을 더 잘 기억한다.

과학자들이 쥐의 배아에 주입한 유전자는 인간에게도 있는데 인간이 노화할수록 그 유전자의 활동성은 떨어진다. 쥐에게 주입된 복제 유전자는 나이가 들어도 활동성을 유지하도록 프로그램화 되었으며 개선된 기억 능력은 자손에게도 전달되었다.[9]

물론 인간의 기억력 메커니즘은 단순한 연관관계를 떠올리는 것보다 훨씬 복잡하다. 그러나 메모리 파머슈티컬스Memory Pharmaceuticals를 비롯한 여러 생명공학 회사들은 인간을 위한 기억력 향상 약물, 즉 '인지력 강화제'의 개발을 적극적으로 추진하고 있다. 이런 약물의 확실한 시장은 알츠하이머병이나 치매처럼 심각한 기억 장애를 겪는 환자들이다. 하지만 이들 회사는 또 다른 더 큰 시장에도 주목하고 있다. 바로 7600만 명에 이르는 50세 이상 베이비부머 세대들이 노화에 따른 자연적 기억력 감퇴를 겪기 시작한 것이다.[10] 노화에 따른 기억력 쇠퇴를 막아줄 약물이 성공적으로 개발되어 이른바 '두뇌를 위한 비아그라'가 출시된다면 제약 업계는 엄청난 수익을 올릴 것이다.

그러한 약물의 역할은 치료와 강화 양쪽에 걸쳐 있다. 그것은 알츠하이머병을 치료하는 경우와 달리 특정한 질병을 치료하기 위한 것은 아니다. 하지만 한때 소유했던 능력을 제대로 복구한다는 의미에서 치료적 측면을 갖고 있는 것도 사실이다. 한편 그런 약물은 순전히 비치료적 용도로도 쓰일 수 있다. 예를 들어 곧 있을 재판에 필요한 수많은 정보를 외워야 하는 변호사, 상하이로 출장을 떠나기 전날 밤 급히 중국어를 배우려는 비즈니스맨이 활용할 수 있다.

기억력 강화에 반대하는 이들은 우리가 기억하기보다는 잊고 싶어 하는 것들이 분명 있다고 주장할 것이다. 그러나 제약회사 입장에서 무언가를 잊고 싶은 욕구는 기억력 강화 약물에 반대해야 할 근거가 아니라 또 다른 시장을 열어주는 기회가 된다. 과거의 트라우마나 고통스러운 기억에서 자유로워지고 싶은 사람들은 끔찍한 사건이 기억에 생생하게 되살아나는 것을 막아주는 약물을 곧 복용할 수 있게 될 것이다. 성폭력 피해자, 전쟁의 대학살을 경험한 군인, 테러 공격 현장 한가운데서 활동한 구조대원들은 기억 억제 약물을 복용함으로써, 평생 자신을 괴롭힐 수도 있을 트라우마를 가라앉힐 수 있을 것이다. 만일 그런 약물이 널리 보급되면 병원 응급실이나 군 병원에서 환자들에게 일상적으로 투여하는 날이 올지도 모른다.[11]

기억력 강화의 윤리를 우려하는 일부 사람들은 인간이 두 계급으로 나뉘게 되는 위험을 지적한다. 즉 기억력 강화 기술에 쉽게 접근할 수 있는 사람들과, 노화에 따라 시들해지는 자연적 기억력에 만족해야 하는 사람들로 나뉘는 것이다. 그리고 만일 강화된 기억력이 후대로 유전된다면, 결과적으로 인류는 기억력이 강화된 종과 자연적 기억력을 지닌 종으로 크게 양분되어, 두 계급은 인간의 하위 종적 구별이 될지도 모른다. 그러나 이 같은 접근 가능성에 대한 우려는 기억력 강화 자체의 도덕적 지위에 관한 선결문제의 오류에 빠져 있다. 위와 같은 시나리오가 윤리적 불편함을 야기하는 이유는 무엇인가? 강화를 받지 못하는 이들이 생명공학의 혜택을 누리지 못한다는 점 때문인가, 아니면 유전적 강화 기술을 누리는 부유층이 인간다움을 잃기 때문인가?

근육 강화의 경우와 마찬가지로 기억력 강화에서도 근본적인 문제는 동일하다. 즉 근본적으로 중요한 문제는 '강화에 대한 평등한 접근권을 어떻게 확보하는가?'가 아니라, '우리가 그 기술을 과연 열망해야 하는가?'이다. 발전된 생명공학 기술을 질병치료와 손상된 건강회복에만 활용해야 하는가, 아니면 인간의 정신과 신체를 공학적으로

완벽에
대 한
반 론

재설계하여 운명을 개선하는 것에도 적극 활용해야 하는가?

| 신장 강화 |

소아과 의사들은 이미 자녀의 키를 더 크게 만들고 싶어 하는 부모들을 만나면서 강화의 윤리라는 문제에 직면해 있다. 1980년대부터 호르몬 결핍으로 평균 키에 훨씬 못 미치는 아동에게 성장호르몬을 사용하는 것이 허가되었다.[12] 그런데 이 치료법은 건강한 아이의 키도 커지게 한다. 자신의 키에 만족하지 못하는 아이(대개 남자)를 가진 부모가 성장호르몬 치료를 요구하곤 한다. 그들은 호르몬 결핍 때문에 키가 작든 부모의 작은 키에서 영향을 받았든 그것은 중요하지 않다고 주장한다. 원인이야 어찌됐든 키가 작아서 겪는 사회적 결과는 마찬가지라는 것이다.

이런 주장 앞에서 일부 의사들은 작은 키가 의학적 문제와 전혀 상관이 없는 아이들에게도 호르몬을 처방하기 시작했다. 1996년에는 의학적 결핍 이외의 이유로 호르몬을 사용하는 사례가 성장호르몬 처방의 40퍼센트를 차지했다.[13] 미국식품의약국FDA의 승인을 받지 않은 목적에 약을 처방하는 것이 불법은 아니지만 제약회사들이 그런 사용을 부추길 수는 없다. 시장 확대를 꾀하는 제약회사 일라이 릴리Eli Lilly는 FDA를 설득해 성인이 되었을 때 예상되는 키가 하위 1퍼센트(남자는

160센티미터 이하, 여자는 150센티미터 이하)에 속하는 건강한 아이들을 위한 성장호르몬제를 승인받았다.[14]

이러한 작은 승인은 강화의 윤리와 관련해 다음과 같이 커다란 문제를 제기한다. 호르몬 치료를 호르몬 결핍증 아이들에게만 사용하도록 제한할 필요가 없다면, 어째서 그것을 키가 심하게 작은 아이들에게만 허용해야 하는가? 왜 평균보다 작은 아이들 모두가 호르몬 치료를 받아서는 안 되는가? 또 평균 키지만 농구팀에 들어가기 위해 키를 더 키우고 싶은 아이들에게는 왜 허용되지 않는가?

비판자들은 성장호르몬을 선택적으로 사용하는 것을 '성형 내분비학cosmetic endocrinology'이라고 부른다. 의료보험 지원을 받을 가능성도 낮고 비용이 매우 비싸기 때문이다. 성장호르몬 주사는 2~5년 동안 일주일에 최대 6회까지 맞아야 하고 연간 비용이 2만 달러에 달한다. 이 모두가 5~8센티미터 더 클 수 있는 가능성을 위해서다.[15] 어떤 이들은 집단적으로 자기모순적 상황에 이를 것이라면서 성장호르몬으로 신장을 키우는 것에 반대한다. 일부 사람들이 그 기술로 키가 커지면 기술을 이용하지 않은 사람들은 상대적으로 표준에 못 미치는 작은 키가 된다는 것이다.

워비곤 호수가 아닌 한, 모든 아이들이 평균 키 이상이 될 수는 없다(워비곤 호수는 미국 작가 개리슨 케일러가 진행한 라디오 쇼의 배경인 가상

완벽에
대 한
반 론

의 마을로, 이곳 성인들은 모두 강하고 매력적인 외모를 지녔으며 아이들은 모두 평균 이상의 능력을 가진 것으로 묘사된다—옮긴이). 호르몬으로 신장을 강화하지 못한 사람들이 자신의 키가 작다고 느끼기 시작하면 그들도 호르몬 치료를 받으려 들 것이고, 이는 호르몬 강화 경쟁으로 이어져 결국 모두를 불행하게 만들 것이다. 특히 경제적 여유가 없어 작은 키를 벗어나지 못한 사람들은 더욱 그럴 것이다.

그러나 이러한 반론은 그 자체로는 결정적이지 않다. 생명공학 기술을 통한 근육이나 기억력 강화에 대해 공정성을 근거로 반대하는 경우와 마찬가지로, 이러한 반론은 강화하고 싶은 욕구를 일으키는 태도나 성향을 다루지 않기 때문이다. 빈곤층이 겪는 여러 문제들에 작은 키라는 문제까지 보탠다는 불공평함만 마음에 걸린다면, 기술을 통한 신장 강화에 공적인 보조금을 제공하여 그런 불공평함을 해결할 수도 있을 것이다. 호르몬 강화 경쟁이라는 집단행동 문제의 경우, 기술을 이용해 키를 늘린 사람들로부터 세금을 거둬서 그 돈으로 키가 작아 상대적인 박탈감을 느끼는 사람들에게 금전적인 보상을 해줄 수도 있을 것이다.

우리가 던져야 할 중요한 질문은 이것이다. 우리는 자녀가 이미 충분히 건강한데도 그 자녀의 키를 몇 센티미터 더 늘리기 위해 거금을 써야 한다고 느끼는 사회에서 살고 싶은가?

| 성별 선택 |

아마도 생명공학의 비의료적 활용 방식에서 사람들의 마음이 가장 쉽게 끌리는 것은 성별 선택일 것이다. 부모가 자식의 성별을 선택하려고 하는 것은 비단 어제오늘 일이 아니다. 아리스토텔레스는 사내아이를 낳고 싶으면 성관계 전에 남자의 왼쪽 고환을 묶어놓으라고 조언했다. 탈무드에서는 자신의 욕구를 억제하고 아내가 먼저 성적인 클라이맥스에 이르도록 해주는 남자는 아들을 낳는 축복을 받게 된다고 가르친다. 그 밖에 여성의 배란기나 달의 주기를 고려하여 시간에 맞춰 임신하는 방법을 추천하는 이들도 있다. 오늘날 생명공학 기술은 이런 민간요법이 실패하는 지점에서 성공을 거두고 있다.[16]

성별 선택의 대표적인 방법은 양수천자(임산부의 양수를 채취해 태아의 성별, 염색체 이상 등을 검사하는 것 ─ 옮긴이) 및 초음파를 이용하는 산전 검사와 함께 등장했다. 이 기술은 척추갈림증이나 다운증후군 같은 유전적 기형의 진단을 위해 개발되었다. 그런데 이를 통해 태아의 성별도 알 수 있기 때문에 원치 않는 성별의 태아를 낙태하는 일도 가능해진다.

낙태할 권리를 옹호하는 사람들조차도 부모가 딸을 원치 않는다는 이유로 낙태하는 것을 찬성하는 경우는 별로 없다. 하지만 남아선호 사상이 강한 문화권에서는 초음파로 성별을 파악한 뒤 여자 태아를

완벽에
대 한
반 론

낙태하는 일이 빈번하다.

인도에서는 지난 20년간 남자아이 1000명당 여자아이의 수가 962명에서 927명으로 감소했다. 인도는 성별 선택을 위한 산전 진단을 금지하고 있지만 이 법이 제대로 시행되는 경우는 드물다. 순회 방사선 전문의가 휴대용 초음파 장비를 갖고 이 마을 저 마을 돌아다니면서 영업을 한다. 뭄바이에 있는 한 병원의 보고에 따르면, 이 병원에서 시행한 8000건의 낙태 중에서 단 한 건만 제외하고 나머지 모두는 성별 선택을 목적으로 한 것이었다.[17]

하지만 성별 선택이 반드시 낙태와 직결되는 것은 아니다. 체외수정IVF을 시도하는 커플의 경우 수정란이 자궁에 착상되기 전에 성별을 선택할 수 있다. 착상 전 유전진단PGD이라고 불리는 이 과정은 이렇다. 배양용 페트리 접시에서 여러 개의 난자를 수정시킨 후 8세포기가 될 때까지 배양한다(약 3일 소요). 이 시점에서 초기 배아를 검사해 성별을 판정하며, 원하는 성별의 배아는 자궁에 착상시키고 대개 나머지는 폐기한다. 단지 아이의 성별 선택을 위해 힘들고 값비싼 체외수정을 진행하는 부부는 거의 없지만, 배아 선별법embryo screening은 성별 선택을 위한 매우 신뢰할 만한 수단이다.

그리고 유전학 지식이 더욱 발전하면, 착상 전 유전진단을 활용해 비만, 키, 피부색 등의 측면에서 원치 않는 유전 특질을 지닌 배아를 추려내는 것이 가능해질지도 모른다. 1997년 공상과학 영화 〈가타카Gattaca〉에는 부모가 배아를 선별하여 아이의 성별, 키, 질병에 대한 면역력, 심지어 IQ까지 선택하는 미래 사회가 등장한다. 이런 미래 사회 모습을 보면 어쩐지 불편한 기분이 든다. 그러나 배아를 선별하여 자식의 성별을 선택하는 것에서 정확히 무엇이 잘못되었는지 설명하기는 쉽지 않다.

이런 기술에 반대하는 진영의 어떤 이들은 낙태 논쟁에서 가져온 논거를 제시한다. 배아도 하나의 인격person이라고 믿는 사람들은 낙태에 반대하는 것과 같은 이유로 배아 선별법에 반대한다. 페트리 접시에 담긴 8세포기의 배아가 완전히 발달한 인간human being과 도덕적으로 동등하다면, 그 배아를 버리는 행위는 태아를 낙태하는 행위와 다를 바 없으며 두 행위 모두 영아 살해와 마찬가지라는 것이다.

그러나 이와 같은 '낙태 반대론'에 기댄 반대론은 나름의 장점이 있다 할지라도, 성별 선택 자체를 반대하는 논지는 아니다. 그것은 유전적 질병 판정을 위해 시행하는 착상 전 유전진단을 포함해 모든 종류의 배아 선별에 반대하는 주장이기 때문이다. 이 반대론은 수단(즉 원치 않는 배아를 폐기하는 것)이 무엇보다도 도덕적으로 잘못됐다고 생각하는 것이므로, 성별 선택 자체가 잘못되었는지 여부에 대한 질문은 해결되지 않은 채 남는다.

성별 선택을 위한 최신 기술은 바로 그 질문을 제기한다. 배아의 도덕적 지위라는 문제와 상관없이 말이다. 미국 버지니아 주 페어팩스에 위치한 영리 목적의 불임클리닉이자 체외수정 연구소인 GIVF Genetics & IVF Institute에서는 현재 정자 선별 기술을 제공하고 있다. 이를 통해 고객은 임신 전에 자녀의 성별을 선택할 수 있다. X 유전자를 가진 정자(딸이 됨)는 Y 유전자를 가진 정자(아들이 됨)보다 더 많은 DNA를 지닌다. 그리고 유세포 분석기가 이 둘을 구분해낸다. 상표 등록을 마친 이 프로세스는 마이크로소트 MicroSort라고 불리는데 상당히 성공률이 높다. 여자아이의 경우 91퍼센트, 남자아이의 경우 76퍼센트나 된다. GIVF 연구소는 미 농무부로부터 이 기술의 허가를 받아 소의 번식에 활용하는 공정을 개발했다.[18]

정자 선별을 통한 자녀의 성별 선택에 반대하려면 배아의 도덕적 지위 논란을 넘어선 다른 이유가 필요하다. 성별 선택이 성차별(대개 여성에 대한)의 도구가 된다는 것이 그런 이유 중 하나가 될 수 있다. 남아선호 사상이 강한 인도나 중국 같은 나라의 이례적인 성비性比에서 그 예를 확인할 수 있다. 그리고 어떤 이들은 여성보다 남성 인구가 훨씬 많은 나라는 평균적인 성비를 가진 나라보다 더 불안정하고 폭력적이며 범죄나 전쟁이 일어날 가능성이 높다고 생각한다.[19]

모두 나름대로 타당성이 있는 우려지만, 정자 선별 서비스를 제공하는 GIVF는 이런 우려의 목소리를 피해 갈 영리한 방법을 갖고 있다. 이 회사에서는 가족 구성원의 성비에 균형을 맞출 목적으로 자녀의 성별을 선택하려는 부부에게만 마이크로소트를 제공한다. 딸보다 아들이 많은 가정은 딸을 선택할 수 있고, 그 반대도 마찬가지다. 하지만 똑같은 성별의 자녀를 여러 명 낳으려는 고객이나 첫째 아이의 성별을 선택하려는 고객은 이 기술을 이용할 수 없다. 지금까지 마이크로소트를 이용한 고객들의 대다수는 딸을 선택했다.[20]

마이크로소트의 사례는 유전적 강화 기술에 수반되는 도덕적 문제를 분리해서 생각할 수 있게 해준다. 안전성이나 배아 폐기, 성차별 같은 익숙한 논쟁들은 일단 제쳐놓자. 남아선호 사상이 존재하지 않고 균형 잡힌 성비가 이뤄진 사회에서 정자 선별 기술이 활용된다고 상상해보라. 그런 사회에서는 성별 선택에 찬성하는 것이 옳을까? 만일 성별뿐만 아니라 키나 눈동자 색깔, 피부색도 선택할 수 있게 된다면? 성적性的 성향이나 IQ, 음악적 재능, 운동 능력을 선택할 수 있다면? 또는 근육이나 기억력, 신장을 강화하는 기술의 완성도가 높아져 안전에 전혀 문제가 없고 모든 이들이 그 기술을 활용할 수 있게 된다고 가정해보라. 그러면 반대할 이유가 없어지는가?

반드시 그렇지만은 않다. 위의 모든 사례에서 도덕적으로 불편한 감정은 여전히 존재한다. 그 원인은 수단에만 있는 것이 아니라 해당 기

완벽에
대 한
반 론

술이 지향하는 목적에도 있다. 유전적 강화와 복제, 유전공학 기술이 인간 존엄성에 위협을 가한다고 흔히들 말한다. 충분히 맞는 말이다. 그런데 문제는 그것들이 우리의 인간성을 '어떻게' 손상시키는가 하는 점이다. 그것들이 인간의 자유나 번영의 어떤 측면을 위협하는가?

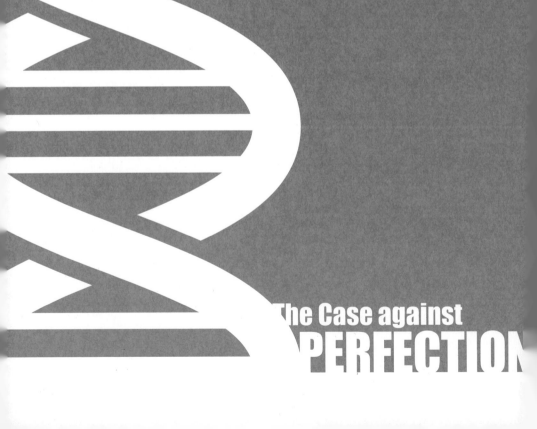

The Case against
PERFECTION

02

생체공학적
운동선수

강화와 유전공학은 인간성의 한 측면, 즉 스스로의 노력에 따라 자유롭게 행동할 수 있는 능력, 자신의 행동과 존재 방식에 칭찬이나 비난을 받을 만한 책임감을 느낄 수 있는 능력을 위협할 수 있다. 철저한 훈련과 노력의 결과로 홈런 70개를 치는 것과, 스테로이드나 유전학 기술 덕분에 강화된 근육의 도움으로 홈런 70개를 치는 것은 엄격히 다르다.

물론 노력이나 강화가 어느 정도 수준인가에 따라 그 역할이 달라질 것이다. 그러나 강화의 역할이 증가하면 운동선수의 성취에 대한 존경심은 희미해질 것이다. 또는 존경의 방향이 선수가 아니라 그에게 약을 처방한 의사에게로 향할 것이다.

스포츠의 이상^{理想}: 노력인가, 재능인가

 운동선수의 성취에 대한 존경심이 줄어들거나 존경의 대상이 운동 선수에서 의사로 바뀐 것은 강화에 대한 우리의 도덕적 반응을 의미 한다. 곧 강화를 통해 성과를 높인 인격적 행위자의 주체성이 감소했 다는 사실에 대한 반응이라는 얘기다. 운동선수가 약물이나 유전적 기술에 의존할수록 그의 성과에서 스스로 성취한 부분은 줄어든다.

 극단적으로 가정하면 신체 기능을 기계적으로 강화한 로봇 같은 운 동선수를 상상해볼 수 있다. 가령 야구선수가 배팅의 각도와 타이밍 을 완벽하게 계산해주는 컴퓨터 칩을 체내에 이식받은 덕분에 스트라 이크 존에 들어오는 모든 공을 홈런으로 때리는 식으로 말이다. 이런 선수는 전혀 주체적 행위자라고 할 수 없다. 이것은 그의 성취가 아니 라 그런 기술을 고안해낸 발명가의 성취다.

 이 관점에 따르면, 강화는 인간의 주체적 행위^{human agency}를 훼손하기 때문에 인간성을 위협한다. 궁극적으로 보면 인간의 행위를 전적으로 기계적으로 이해하는 것은 인간의 자유 및 도덕적 책임과 상치된다는 관점이다.

 이러한 설명에는 꽤 타당성이 있지만, 나는 강화와 유전공학에 따르 는 주요한 문제는 그것이 인간의 노력과 주체성을 훼손한다는 점은 아니라고 생각한다.[1] 그보다 더욱 위험한 것은 그러한 기술이 일종의 과도한 행위 주체성을, 다시 말해 우리의 목적과 욕구를 충족시키기 위해 인간 본성을 비롯한 자연을 개조하려는 프로메테우스적 열망을 대표한다는 사실이다. 문제는 인간의 기계화가 아니라 자연과 본성을 정복하려는 충동이다. 그리고 그런 태도는 인간의 능력과 성취가 우리 각자에게 주어진 선물이라는 관점을 놓치고 있으며 심지어 그런 관점을 파괴할 수도 있다.

삶을 주어진 선물로 인정하는 것은 우리의 재능과 능력이 전적으로 우리 행동의 결과는 아니며 완전히 우리의 소유도 아니라는 점을 인정하는 것이다. 물론 그 능력을 개발하거나 발휘하기 위해 노력을 기울이기는 해도 말이다. 또한 세상의 모든 것을 우리가 원하는 용도로 사용할 수 있는 것은 아님을 인정하는 것이다. 삶을 주어진 선물로 인정하면 프로메테우스적 열망을 제한하고 어느 정도 겸손함을 가질 수 있다. 이런 관점은 부분적으로 종교적 감수성에 해당하지만, 그것의 울림은 종교라는 영역을 뛰어넘는다.

이 같은 관점을 완전히 배제하고서는 인간의 활동과 성취에서 어떤 점을 존경하는지를 설명하기 어렵다. 가령 두 종류의 운동선수가 이룬 성취를 생각해보자. 우리는 선천적으로 타고난 재능은 미약하지만 피나는 노력과 투지, 의지력으로 자신의 분야에서 빛나는 성공을 거

둔 피트 로즈 Pete Rose 같은 야구선수에게 존경을 보낸다. 하지만 한편으로는 타고난 천부적 재능으로 수월하게 탁월한 성과를 내는 조 디마지오 Joe DiMaggio 같은 선수도 존경한다. 그런데 이 두 선수가 운동능력을 강화하는 약물을 복용했다는 사실을 알게 되었다고 가정해보자. 어느 선수에게서 더 심한 환멸을 느끼는가? 스포츠의 이상에서 어느 측면이, 즉 노력과 재능 중에 어느 쪽이 더 심각하게 훼손되었다고 여기는가?

어떤 이들은 노력이라고 말할 것이다. 약물 복용의 문제점은 그것이 노력 없이도 쉽게 이길 수 있는 지름길을 제공한다는 데 있다고 주장하는 것이다. 그러나 스포츠의 핵심은 노력이 아니라 탁월한 성과다. 그리고 탁월한 성과는 적어도 부분적으로는 타고난 재능을 보여주는 데 있다. 그 재능을 가진 선수의 행위는 아니다.

이런 관점은 민주주의 사회에서 불편하게 느껴진다. 사람들은 스포츠에서건 인생에서건 성공이란 물려받는 것이 아니라 노력을 통해 얻어야 할 무언가라고 믿고 싶어 한다. 선천적 재능과 그것이 불러일으키는 존경심은 실적주의 meritocracy에 대한 믿음을 난처하게 만든다. 또 칭찬과 보상이 노력에만 근거해야 한다는 생각에도 의문을 갖게 만든다. 우리는 이러한 심리적 불편함에 직면하여 노력의 도덕적 중요성을 부풀리고 타고난 재능의 의미를 평가 절하한다.

이러한 왜곡은 예컨대 올림픽을 다루는 텔레비전 방송에서 목격된다. 방송에서는 흔히 운동선수가 이룬 위업 자체보다는 그가 힘든 고난과 장애를 극복한 가슴 아픈 이야기, 부상, 힘들었던 성장과정, 또는 고국의 정치적 혼란을 딛고 우승하기까지의 눈물겨운 과정에 더 초점을 맞춘다.

　만일 노력이 스포츠가 추구해야 할 최고의 이상이라면, 강화는 훈련과 피나는 노력을 회피한다는 점에서 잘못된 것이다. 그러나 노력만이 전부가 아니다. 실력은 그저 그런 농구선수가 마이클 조던^{Michael Jordan}보다 훨씬 더 열심히 노력하고 훈련한다고 해서 조던보다 더 큰 존경을 받거나 더 높은 연봉을 받아야 한다고 생각할 사람은 아무도 없다.

　유전공학으로 경기력이 강화된 운동선수의 진짜 문제는, 자연적으로 타고난 재능을 계발하고 발휘하는 것을 높이 평가하는 인간 활동으로서의 스포츠 경쟁을 오염시킨다는 점이다. 이 관점에서 보면 강화란 노력과 계획성의 윤리가 극단적으로 표출된 결과물로, 일종의 첨단기술을 이용한 노력 방식이라 할 수 있다. 계획성의 윤리와 그것이 동원하는 생명공학의 힘은 선물로 주어진 재능의 윤리와 반대 지점에 놓여 있다.

경기력 강화의 수단: 하이테크와 로테크

타고난 재능을 계발하는 것과 인공적 기술로 그것을 변질시키는 것을 가르는 구분선이 항상 명확한 것은 아니다. 초기 육상선수들은 맨발로 뛰었다. 처음으로 운동화를 신은 선수는 경기의 정신을 더럽힌다는 비난을 받았을지도 모른다. 하지만 그런 비난은 부당한 것이다. 누구나 운동화를 신을 수만 있다면 운동화는 육상경기가 보여주고자 하는 탁월한 성과를 흐리기는커녕 오히려 돋보이게 만들기 때문이다. 그러나 성과 향상을 위해 운동선수들이 활용하는 모든 수단에 대해서 그렇게 말할 수는 없다. 1980년 보스턴 마라톤에서 로지 루이스^{Rosie} ^{Ruiz}가 무리에서 빠져나와 경기 구간 일부를 지하철로 이동하여 우승했다는 사실이 뒤늦게 밝혀져 우승이 취소된 일이 있었다. 판단이 쉽지 않은 까다로운 사례들은 운동화 사례와 로지 루이스 사례의 중간쯤에 위치한다.

운동 장비의 혁신도 일종의 강화 수단이다. 그것이 경기에 꼭 필요한 능력을 더욱 완벽하게 만드는가, 아니면 그 능력의 의미를 퇴색시키는가 하는 문제가 항상 제기된다. 그런데 신체적 강화가 가장 어려운 문제를 야기하는 듯하다. 강화에 찬성하는 이들은, 약물 복용이나 유전학적 개입이 선수가 경기 결과 향상을 위해 신체에 이용하는 다

완벽에
대한
반론

른 수단들(특별 식이요법, 비타민이나 에너지 바 섭취, 처방전 없이 살 수 있는 보충제, 혹독한 훈련, 심지어 수술까지)과 다를 바가 없다고 주장한다. 타이거 우즈 Tiger Woods는 눈이 나빠서 시력 검사표에 있는 커다란 'E'자도 읽지 못했다. 그는 1999년 시력 개선을 위해 라식 수술을 받았고, 이후 다섯 차례의 경기에서 연달아 우승했다.[2]

나쁜 시력을 교정하기 위해 수술하는 것은 이해할 만하다. 그런데 만일 우즈가 정상적인 시력을 갖고 있었는데도 시력을 더 향상시키기 원했다면 어떤가? 또는 그가 라식 수술로 다른 일반적인 골프 선수들보다 더 좋은 시력을 갖게 되었다면 어떤가? 그렇다면 이 수술은 부당한 강화인가?

이 질문의 답은 골프선수의 시력 개선이 골프에서 검증되어야 하는 재능과 실력을 완벽하게 하는가 아니면 왜곡하는가에 달려 있다. 강화에 찬성하는 사람들의 주장은 골프선수가 시력을 강화하는 행위의 적법성은 그들이 사용하는 수단(수술, 콘택트렌즈, 안구 운동, 엄청난 양의 당근 주스 등)에 달려 있는 게 아니라는 부분에서 옳다. 만약 강화가 타고난 재능을 왜곡하고 그 의미를 퇴색시키기 때문에 도덕적 불편함을 초래한다면, 이 문제는 약물이나 유전적 기술 개입에만 국한되지 않는다. 훈련이나 식이요법처럼 우리가 흔히 받아들이는 강화 수단에 대해서도 유사한 반대론이 제기될 수 있다.

1954년 로저 배니스터Roger Bannister는 최초로 1마일을 4분 내에 주파하는 기록을 세웠다. 의대생이었던 그의 훈련 방식은 자신이 일하는 병원에서 점심시간에 친구들과 달리기를 하는 것이 고작이었다.[3] 요즘 육상선수들의 훈련 방식과 비교해보면 배니스터는 맨발로 뛴 것이나 다를 바가 없다.

현재 나이키 사는 미국 마라톤 선수들의 경기력 향상을 목적으로, 미국 오리건 주 포틀랜드에 위치한 밀폐된 '고도 조절 숙소'에 있는 최첨단 훈련 실험을 지원하고 있다. 이곳의 분자 여과기는 산소를 제거하여 해발 3658~5182미터 고지의 희박한 공기와 같은 조건을 만들어준다. 유망한 선수 다섯 명이 선발되어 이곳에서 4~5년간 지내면서, 지구력 향상을 위해 "생활은 고지대에서, 훈련은 저지대에서"라는 이론을 검증했다.

선수들은 히말라야 산맥과 유사한 고도에서 수면을 취함으로써 산소를 운반하는 적혈구 수를 증가시키는데, 이는 지구력의 핵심 요인이다. 그리고 해수면 수준의 지대에서 일주일에 100마일 이상을 달리면서 근력을 극대화한다. 또한 이 숙소에는 선수들의 심박동수, 적혈구 수치, 산소 소비량, 호르몬 수치, 뇌파 등을 측정하는 장비도 마련되어 있어서 선수들의 생리학적 지표에 따라 훈련 시간과 강도를 조절할 수 있다.[4]

완벽에
대 한
반 론

국제올림픽위원회^{IOC}에서는 인위적인 고도 훈련을 금지해야 하는지 고심 중이다. 이미 IOC는 적혈구 농도를 증가시켜서 지구력을 강화하는 다른 방법들은 금지하고 있다. 예컨대 수혈이나 에리스로포이에틴^{EPO}(신장에서 만들어지며 적혈구 생성을 촉진하는 호르몬-옮긴이) 주입을 금지한다. 투석 환자들을 위해 개발된 합성 EPO를 선수들이 사용하는 것은 불법임에도 불구하고 장거리 육상선수, 사이클 선수, 크로스컨트리 스키 선수들은 경기력을 향상시킬 목적으로 빈번하게 사용하고 있다. IOC는 2000년 시드니 올림픽에서 EPO 사용에 대한 검사를 시작했다.

그러나 새로운 종류의 EPO 유전자 치료법은 합성 EPO보다 찾아내기가 더 어려울지도 모른다. 과학자들은 개코원숭이 실험을 통해 EPO를 생성하는 새로운 유전자를 주입하는 방법을 이미 찾아냈다. 머지않아 유전공학 기술의 도움을 받은 육상선수와 사이클 선수들이 자연적인 수준보다 훨씬 많은 양의 EPO를 경기 시즌 내내 또는 그보다 오랫동안 생성할 수 있을지도 모른다.[5]

바로 이 지점에 윤리적인 난제가 존재한다. 만일 EPO 주사와 유전학적 교정을 반대해야 한다면, 왜 나이키의 '고도 조절 숙소'는 반대하면 안 되는가? 두 경우 모두 운동 능력에 미치는 효과는 동일하다. 즉 혈액이 근육에 산소를 전달하는 능력을 강화해 선수의 지구력을 증가시킨다. 적혈구 농도를 높이려고 호르몬을 주사하거나 유전자를 변화시키는 것보다 산소가 적은 밀폐된 방에서 잠자는 것이 더 고상해 보이지는 않는다. 2006년 세계반도핑기구World Anti-Doping Agency 윤리위원회는 이러한 논리에 따라 저산소 방과 저산소 텐트(즉 인공적인 '저산소 장비')의 사용이 '스포츠 정신'에 위배된다고 결론 내렸다. 이 판정은 많은 사이클 선수와 육상선수, 그리고 해당 장비를 판매하는 기업들의 큰 저항을 불러일으켰다.[6]

운동 능력 향상을 위한 일부 훈련 방식이 문제가 될 수 있다면 일부 식이요법도 마찬가지로 문제가 될 수 있다. 지난 30년 동안 미국프로풋볼연맹NFL에 속한 선수들의 체격은 현저하게 커졌다. 1972년 슈퍼볼 당시 공격선에 서는 라인맨의 평균 체중은 이미 약 112킬로그램이었다. 2002년에는 이 수치가 138킬로그램이 되었고, 댈러스 카우보이스Dallas Cowboys 팀은 NFL 최초로 180킬로그램이 넘는 수비수인 에런 깁슨Aaron Gibson을 자랑스럽게 내세웠다. 공식적으로 기록된 그의 몸무게는 무려 191킬로그램이다.

특히 1970년대와 1980년대에 일부 선수들의 체중 증가에 기여한 것은 스테로이드의 사용이었다. 1990년 스테로이드 사용이 금지되었지만 선수들의 체중은 계속 늘어났다. 주로 선수 명단에 오르기 위해 엄청난 양의 음식물을 섭취하는 방법으로 체중을 늘렸다. 셀레나 로

완벽에
대 한
반 론

버츠^{Selena Roberts}는 〈뉴욕타임스〉에 기고한 글에 이렇게 썼다. "체중을 늘려야 한다는 압박감을 느끼는 일부 선수들이 택하는 과학적 방법이란 규제를 받지 않는 보충제 복용과 많은 양의 치즈버거 섭취를 병행하는 것이다."[7]

다량의 빅맥을 먹는 것은 최첨단 기술과 관련이 없다. 그럼에도 엄청난 칼로리의 음식을 먹어서 180킬로그램짜리 인간 방패가 되라고 부추기는 것은 스테로이드제나 성장호르몬, 유전공학 기술로 몸집을 불리는 것 못지않게 윤리적인 불편함을 야기한다. 수단이 무엇이 됐든, 몸집을 거대하게 키워야 한다는 요구는 경기의 품위를 떨어트릴 뿐만 아니라 그런 요구에 부응하기 위해 자신의 몸을 변형하는 선수들의 인간적 존엄성도 해친다.

NFL 명예의 전당에 오른 한 은퇴 풋볼 선수는, 요즘 덩치 큰 공격수들은 너무 몸집이 커서 민첩하게 움직이지 못하고 엄청난 충격의 '배부딪치기'밖에 할 줄 모른다면서 씁쓸함을 표한다. "요즘 선수들은 그것밖에 할 줄 모른다. 근골이 탄탄하지도 않고 움직임도 빠르지 않다. 발을 제대로 사용할 줄 모른다."[8] 치즈버거를 잔뜩 먹어서 능력을 향상시키는 것은 운동선수의 탁월함을 길러주는 것이 아니라, 오히려 뼈가 으스러질 듯이 보이는 구경거리를 만들어내어 그것의 의미를 퇴색시킨다.

스테로이드제 같은 약물의 금지를 찬성하는 이들이 가장 흔히 제시하는 근거는 약물이 선수의 건강을 해칠 수 있다는 점이다. 그러나 안전성만이 운동능력 강화용 약물과 기술을 제한하는 이유가 되어서는 안 된다. 안전성이 보장되고 누구나 이용할 수 있는 강화 수단이라도 스포츠 본연의 품격을 위협할 수 있다. 만일 모든 종류의 약물과 보충제, 장비, 훈련 방식이 규정상 허용된다면 그런 수단들의 사용은 부정행위가 아닐 것이다.

그러나 부정행위만이 스포츠 정신을 오염시키는 것은 아니다. 스포츠 본연의 품격을 지킨다는 것은 규칙을 지키며 경기하거나 규칙을 시행하는 것 이상을 의미한다. 그것은 경기의 핵심인 탁월성을 존중하고 최고의 탁월성을 보여준 선수의 능력에 보상이 돌아가게 하는 규칙을 만드는 것을 의미한다.

스포츠 경기의 본질

어떤 경기 진행 방식은 스포츠를 스포츠가 아닌 다른 무언가로, 즉 스포츠라기보다는 재미난 볼거리로 만들어버릴 위험이 있다. 유전공학으로 몸을 변화시킨 타자들이 나와서 항상 홈런을 날리는 야구 경

완벽에
대 한
반 론

기는 잠깐은 재미있을지 모른다. 하지만 그런 경기에는 휴먼 드라마도, 야구만의 복잡한 묘미도 전혀 없을 것이다. 실제로는 아무리 최고의 타자라 할지라도 자기가 원하는 대로 경기가 술술 풀릴 때보다 그렇지 않을 때가 더 많은 법이다. 메이저리그에서 매년 주최하는 홈런 콘테스트가 순전히 볼거리를 위한 것임에도 불구하고 즐거움을 느끼는 것은 진짜 야구경기에서 경험했던 익숙한 무언가를 느끼기 때문이다. 즉 홈런이 일상적으로 당연한 무언가가 아니라 커다란 드라마 속의 영웅적인 순간이 되는 경기 말이다.

스포츠와 단순한 볼거리의 차이는 진짜 농구와 '트램펄린 농구'의 차이와 같다. 트램펄린 농구에서는 선수들이 골대 위까지 쉽게 뛰어올라 공을 집어넣을 수 있다. 또 진짜 레슬링 경기와 프로레슬링연맹WWF이 연출하는 레슬링의 차이를 생각해보라. 프로레슬링의 경기에서는 선수들이 접이식 의자로 상대방을 공격하기도 한다. 단순한 볼거리용 경기는 스포츠에서 사람들의 주목을 끄는 특성들만을 인위적으로 과장하기 때문에, 최고의 선수들이 보여줄 수 있는 자연스런 재능과 능력의 가치를 떨어트린다. 트램펄린을 사용하는 농구 경기에서는 마이클 조던의 빛나는 실력도 대단치 않아 보일 것이다.

물론 훈련 방식과 장비에 대한 혁신이 모두 스포츠를 오염시키는 것은 아니다. 예컨대 야구 글러브나 흑연 소재의 테니스 라켓은 경기의 질을 높여준다. 그렇다면 경기의 질을 높이는 변화와 그것을 오염시키는 변화를 어떻게 구분할 수 있는가? 이 문제를 완전히 해결해줄 간단한 원칙은 없다. 그 답은 스포츠의 본질이 무엇인가, 그리고 새로운 기술이 최고의 선수를 특징짓는 재능과 기술을 돋보이게 하는가, 아니면 그 의미를 퇴색시키는가에 달려 있다.

운동화는 선수가 경기와 상관없는 뜻밖의 사고(예컨대 맨발로 달리다가 날카로운 돌멩이를 밟는 것)를 겪을 위험을 줄여주는 역할을 함으로써 육상 경기의 질을 향상시켰다. 운동화는 최고 선수의 기량을 제대로 가늠할 수 있게 해주었다. 마라톤 선수가 경기 중에 지하철을 타는 것, 또는 레슬링 선수가 접이식 의자를 들고 싸우는 것을 허용한다면 마라톤이나 레슬링 경기가 진정 시험해야 할 기술과 능력을 비웃는 셈이 된다.

강화의 윤리에 관한 논쟁은, 적어도 부분적으로는, 해당 스포츠의 궁극적인 목적이나 핵심, 그리고 미덕을 둘러싼 논쟁이다. 그것은 답이 비교적 명확한 사례에서든 논란의 여지가 있는 사례에서든 마찬가지다.

코치 활용을 생각해보자. 영화 〈불의 전차Chariots of Fire〉를 보면 1920년대 영국 케임브리지 대학의 육상선수가 개인 코치를 두고 훈련하는 것에 대해 학교 측 관계자들이 비난하는 내용이 나온다.[9] 학교 측은 아마추어 경기란 온전히 선수 혼자만의 힘으로 훈련하거나 동료들과 실력을 겨뤄가며 훈련해야 하는 것이기 때문에 코치를 고용하는 것은 아마추어 경기의 정신을 훼손한다고 주장했다. 한편 해당 선수는 대학 스포츠의 핵심은 선수의 재능을 가능한 최대한의 수준으로 계발하는 것이며, 코치가 이러한 좋은 목적을 더럽히는 것이 아니라 오히려 유익한 도움을 줄 수 있다고 생각했다. 코치 활용이 경기력 강화를 위한 적법한 수단인지 여부는, 대학 스포츠의 목적 및 그에 수반되는 미덕과 관련해 둘 중 어느 쪽 관점이 옳은가에 달려 있다.

경기력 강화에 대한 논란은 스포츠뿐 아니라 음악 분야에서도 일어나는데 이때도 역시 비슷한 양상을 띤다. 무대공포증이 있는 일부 클래식 음악가들은 공연 전의 긴장과 불안을 완화하기 위해 베타 차단제(베타 교감 신경 수용체에 작용하는 약물로, 심박수, 혈압, 심장 박출량을 감소시키는 작용을 한다-옮긴이)를 복용한다. 베타 차단제는 원래 심장 관련 질환을 치료하기 위한 약이지만, 아드레날린 효과를 감소시키고 심박수를 낮춰 음악가가 연주 도중 손을 떨지 않도록 해준다.[10] 이런 관행에 반대하는 사람들은 약물에 의지해 공연하는 것이 일종의 속임수이며, 음악가란 모름지기 자연스러운 방식으로 무대공포증을 극복할 줄 알아야 한다고 주장한다.

한편 베타 차단제 사용에 찬성하는 이들은, 약물 때문에 더 뛰어난

바이올리니스트나 피아니스트가 되는 것은 아니며 약물은 단지 불편한 장애물을 제거하여 연주자가 진정한 음악적 재능을 발휘할 수 있게 해준다고 주장한다.

이 두 주장의 밑바탕에는 음악적 탁월성을 구성하는 자질에 대한 입장 차이가 깔려 있다. 수많은 관중 앞에서 침착함을 유지하는 것은 훌륭한 음악가가 본래 갖춰야 할 고유의 미덕인가, 아니면 단순히 부수적인 미덕일 뿐인가?

때로 약물을 통한 강화보다 기계적인 강화가 공연의 본질을 더 오염시킬 가능성을 제기한다. 최근 들어 많은 콘서트홀과 오페라 극장에서 음향 증폭 시스템을 설치하기 시작했다.[11] 음악 애호가들은 공연자에게 마이크를 달면 소리의 진정성을 훼손해서 예술적 가치가 떨어진다고 불평한다. 훌륭한 오페라에서는 악보에 맞는 음을 내는 것도 중요하지만 자연적인 인간의 목소리만으로 공연장 전체를 꽉 채우는 것도 중요하다는 것이다. 고전적으로 훈련받은 성악가가 자신의 목소리를 공연장 뒤쪽까지 울리게 하는 것은 단순히 볼륨만 높인다고 해결되는 것이 아니라 그것 자체가 예술의 일부라는 주장이다. 유명한 오페라 성악가인 메릴린 혼Marilyn Horne은 기계를 통한 소리 강화를 "훌륭한 성악을 위한 죽음의 키스"라고 말한다.[12]

〈뉴욕타임스〉의 클래식 음악평론가 앤서니 토마시니Anthony Tommasini

는 음향 증폭 기술이 브로드웨이 뮤지컬을 변화시켰고 어떤 면에서는 그 가치를 떨어트렸다면서 이렇게 썼다. "초창기에 브로드웨이 뮤지컬은 아름다운 대사와 경쾌하고 멋스럽고 귀를 즐겁게 하는 음악이 독창적인 방식으로 어우러진 문학적이고 세련된 장르였다. 하지만 본질적으로 그것은 문학적 대사가 중심이 되는 예술 형식이었다. (…) 그러나 음향 증폭 시스템이 브로드웨이에 도입되면서 청중은 민감한 감수성으로 작품을 느끼는 일이 줄어들었고 오히려 수동적으로 변했다. 음향 기술은 가사(미묘함과 정교함이 줄어들었다)에서부터 주제, 음악 스타일(더 크고 화려하면서 저속해졌다)에 이르기까지 뮤지컬의 모든 요소를 변화시키기 시작했다." 뮤지컬이 "문학적 세련됨을 잃고 뻔한 장르"가 되자 "진정한 오페라다운 목소리를 가진 가수들이 점점 소외되기" 시작했으며, 뮤지컬이란 장르는 〈오페라의 유령Phantom of the Opera〉이나 〈미스 사이공Miss Saigon〉 같은 멜로드라마 류의 볼거리로 변해버렸다. 음향 시스템에 적응해감에 따라 "뮤지컬이라는 예술 형식은 그 힘을 잃었다. 또는 적어도 예전과 다른 무엇이 되었다."[13]

오페라도 비슷한 운명을 겪게 될까봐 우려하는 토마시니는, 현대적 음향 기술을 활용하는 오페라와 더불어 한쪽에서는 음향 기술이 배제된 전통적인 오페라도 함께 보존됐으면 하는 바람을 내비쳤다. 이는 능력이나 재능을 강화한 선수들의 스포츠 경기와 그것을 강화하지 않은 선수들의 경기를 공존시키자는 제안을 떠올리게 한다. 한 강화 옹호론자가 테크놀로지 잡지인 〈와이어드 Wired〉에 기고한 글에서 이런 제안을 내놓은 적이 있다. "유전학 기술로 강화된 야구 타자들이 활동하는 리그와 자연적인 타자들이 활동하는 리그를 따로 만들자. 또 성장호르몬을 투입한 단거리 육상선수들의 대회와 자연스럽게 방목한 느림보 선수들의 대회를 따로 열자." 이 글을 쓴 사람은 유전학 기술을 활용한 선수들의 대회가 그렇지 않은 선수들의 대회보다 시청률이 더 높을 것이라고 확신했다.[14]

음향 기술을 도입한 오페라와 전통적인 오페라, 또는 유전학 기술로 강화된 스포츠 리그와 '방목한' 스포츠 리그가 오랫동안 공존할 수 있을지는 확실히 말하기 어렵다. 스포츠와 마찬가지로 예술에서도 기술의 도움으로 강화된 형태가 등장하면 과거 방식의 존립이 위태로워질 수밖에 없다. 규범이 변화하고, 청중도 새로운 습관에 다시 길들여지며, 화려한 볼거리는 분명 사람의 마음을 사로잡는 힘이 있기 때문이다. 설령 그것이 인간의 재능을 온전히 마주할 수 있는 기회를 빼앗는다 할지라도 말이다.

스포츠에서 핵심이 되는 본질적인 탁월성에 맞는지에 따라 경기의 규칙을 평가한다는 것이 그때그때의 판단을 지나치게 요구한다고 느끼는 이들도 있을 것이다. 영화 〈불의 전차〉에 나오는 케임브리지 대

완벽에
대 한
반 론

학 교수들의 거만하고 배타적인 사고방식과 비슷하게 말이다. 그러나 경기의 주요 목적과 그것에 관련한 미덕이 무엇인지 판단하지 않고서는 우리가 스포츠의 어떤 측면에 존경과 감탄을 보내야 하는지 알 수 없다.

다른 쪽 진영의 의견도 생각해보자. 어떤 이들은 스포츠에 주요 목적이 있다는 것에 동의하지 않는다. 그들은 경기 규칙이 스포츠의 본질적 목적에 부합해야 한다는 생각, 규칙이 훌륭한 경기를 펼치는 선수들의 실력을 높이 평가할 수 있도록 제정돼야 한다는 생각에 반대한다. 그 관점에 따르면 어떤 경기에서든 규칙이란 완전히 임의적인 것이며, 규칙을 정당화하는 것은 오로지 경기의 오락적 재미와 관중 수뿐이다.

이런 관점은 미국 연방대법원에서 대법관 앤터닌 스캘리아^{Antonin} ^{Scalia}가 가장 분명하게 보여주었다. 선천적 다리 질환으로 인한 통증 때문에 제대로 걷기 힘든 한 골프 선수가 프로 경기에서 골프카트를 이용할 권리를 얻기 위해 미국 장애인법^{Americans with Disabilities Act}을 근거로 소송을 제기했다. 연방대법원은 골프 코스를 걷는 행위가 경기의 본질적인 측면이 아니기 때문에 그에게 골프카트를 이용할 권리가 있다고 판결했다.

그러나 대법관 스캘리아는 경기의 본질적인 요소와 부수적인 요소를 구분하기는 불가능하다고 주장하면서, 다음과 같이 해당 판결에 반대 의견을 제시했다. "어떤 것이 '본질적'이라는 말은 일반적으로 그것이 특정 목적의 달성에 꼭 필요하다는 뜻이다. 그러나 오락 이외에 다른 목적은 없다는 것이 경기의 본성이므로(이것이 스포츠 경기와 여타 생산적 활동의 차이다), 경기의 임의적인 규칙을 '본질적'이라고 말할 수는 없다." 스캘리아는, 골프의 규칙은 "(다른 모든 경기가 그렇듯) 완전히 임의적이므로" 프로골퍼협회가 정해놓은 규칙을 비판적으로 평가할 수 있는 기준이 없다고 주장했다.[15]

그러나 스포츠에 대한 스캘리아의 의견은 설득력이 약하다. 스포츠 팬이라면 누구나 그 의견이 이상하다고 느낄 것이다. 만일 사람들이 자기가 좋아하는 스포츠의 규칙이 칭송할 가치가 있는 특정한 재능과 미덕을 발휘시키고 그것을 축하하기 위해 만들어진 것이 아니라 그저 임의적인 것이라고 생각한다면, 경기의 결과에 별로 관심을 갖지 않을 것이다.[16] 스포츠는 진정한 가치를 인정하는 장(場)이 아니라 단순한 오락물이자 볼거리가 되어버릴 것이다. 안전성 문제 이외에는 경기력 강화를 위한 약물 복용이나 유전학적 개입을 반대할 이유가 없어진다. 적어도 관중의 규모가 아니라 경기 자체의 품격과 관련된 이유는 사라져버린다.

스포츠가 단순한 볼거리로 전락하는 문제가 비단 유전공학 시대 특유의 문제는 아니다. 그러나 그것은 유전학적 개입을 비롯한 경기력 강화를 위한 기술들이 운동선수나 예술가의 수행력 가운데 높이 칭송받을 만한 자연적 재능과 능력의 의미를 훼손할 수 있다는 사실을 잘 보여준다.

The Case against
PERFECTION

03

맞춤 아기를
설계하는 부모

'선물로 받음^{giftedness}'의 윤리는 스포츠 영역에서 위기에 봉착해 있지만 자녀 양육이라는 영역에서도 대두된다. 그런데 이번에도 역시 생명공학과 유전학적 강화가 양육의 본질을 퇴색시킬 위험이 존재한다. 자녀를 선물로 인정하는 것은 그들을 설계 대상이나 부모 의지의 결과물, 또는 부모의 야망을 이루는 수단으로 여기지 않고 자녀의 모습을 있는 그대로 받아들이는 것이다. 부모의 사랑은 자식이 가진 재능과 특성을 조건으로 하는 것이 아니다. 우리는 친구나 배우자를 선택할 때 그들이 지닌 매력적인 특성을 어느 정도 기준으로 삼는다. 하지만 자녀는 그렇지 않다. 자녀가 지니는 특성과 자질은 예측할 수 없고, 가장 양심적인 부모라도 자식의 모습을 전적으로 책임지고 만들려고 해서는 안 된다. 그렇기 때문에 다른 어떤 인간관계보다도 부모와 자녀 간의 관계는 신학자 윌리엄 F. 메이^{William F. May}가 말한 "선택하

지 않은 것을 열린 마음으로 받아들이는 태도"를 우리에게 가르쳐주는 것이다.[1]

틀에 맞추기와 있는 그대로 지켜보기

윌리엄 메이의 말은 모든 것을 통제하고 정복하려는 충동을 억제하고 삶을 주어진 선물로 받아들이는 관점을 인정하는 태도를 잘 보여준다. 또 그 말은 강화에 대한 깊은 도덕적 거부감이 강화가 완벽함을 추구하기 때문이라기보다는 그것이 표출하고 장려하는 특정한 인간적 성향 때문이라는 사실을 깨닫게 해준다.

문제는 부모가 자녀를 설계함으로써 자녀의 자율권을 빼앗는다는 점이 아니다. 부모가 아이를 설계하지 않아도 아이는 자신의 유전적 특성을 스스로 선택해 태어날 수 없다. 진짜 문제는 자녀를 설계하는 부모의 오만함, 그리고 생명 탄생의 신비로움을 마음대로 통제하려는 욕구다. 그런 성향 때문에 부모가 자녀에 대해 폭군이 되는 것은 아닐지라도, 그 성향은 부모와 자녀의 관계를 훼손하고 부모로 하여금 '선택하지 않은 것을 열린 마음으로 받아들이는 태도'를 통해 길러질 수 있는 인간 본연의 공감과 겸손함을 갖지 못하게 만든다.

자녀를 선물이나 축복으로 여긴다는 것은 질병 앞에서 수동적으로 대처한다는 의미가 아니다. 아프거나 다친 아이를 치료하는 행위는 아이가 타고난 능력의 가치를 퇴색시키는 것이 아니라 그 능력이 꽃 필 수 있게 해주는 행위다. 그런 의학적 치료가 자연적 상태에 개입하는 것이기는 해도 그것은 건강의 회복을 위한 것이며, 따라서 거기에는 통제와 지배를 향한 욕구가 담겨 있지 않다. 질병을 치료하려고 매우 적극적으로 노력한다 해도 그것이 주어진 자연적 능력에 대한 프로메테우스적 도전은 아니다. 건강하게 살려는 인간의 자연적 기능을 회복시키고 유지한다는 규범에 따라 의학이 통제되거나 적어도 그런 방향으로 이끌어지기 때문이다.

스포츠와 마찬가지로 의학에도 그것의 방향을 좌우하고 제약하는 본질적인 목적이 존재한다. 물론 무엇을 좋은 건강이라고 보고, 무엇을 정상적인 인간의 기능이라고 볼 것인가는 논쟁의 여지가 있다. 그것은 단순한 생물학적 문제가 아니기 때문이다. 예를 들어, 소리를 듣지 못하는 것이 치료해야 할 장애인지, 아니면 특정 공동체의 삶의 방식이자 소중히 여겨야 할 정체성인지에 대해서 사람마다 의견이 다를 수 있다. 그러나 그런 의견 불일치조차도 의학의 목적이 건강을 증진하고 질병을 치료하는 것이라는 가정에서 비롯된다.

어떤 이들은 부모에게 아픈 아이를 치료할 의무가 있다면 건강한 아이를 더 강화할 의무, 삶에서 성공하기 위해 아이의 잠재력을 최대화해야 할 의무도 있다고 주장한다. 그러나 그런 주장은 건강이 그 자체로 독특한 인간적 선善이 아니라 행복을 최대화하기 위한 수단일 뿐이라는 공리주의적 관점을 받아들이는 경우에만 옳다. 예컨대 생명윤리학자 줄리언 사불레스쿠Julian Savulescu는 "건강에는 본질적 가치가 아니라 도구적 가치만 있으며" 건강이 우리가 원하는 일을 할 때 활용하는 '자원'이라고 주장한다. 건강에 대한 이런 관점에서는 치료와 강화의 차이를 거부한다. 사불레스쿠에 따르면, 부모에게는 자녀의 건강을 증진시킬 의무만 있는 것이 아니라 "자녀를 유전학적으로 수정할 도덕적 의무"도 있다. 부모는 자녀에게 "최고의 삶을 살 기회"를 주기 위해서 기술을 활용하여 자녀의 "기억력, 기질, 인내력, 공감 능력, 유머 감각, 낙관적 태도"를 비롯한 기타 여러 가지 특성을 조작해야 한다.[2]

그러나 건강을 순전히 도구적 관점으로만 보는 것, 즉 다른 무언가를 최대화하기 위한 수단으로 보는 것은 잘못이다. 좋은 인격과 마찬가지로 좋은 건강은 인간의 번영을 구성하는 본질적 요소다. 적어도 특정한 범위 내에서는 더 건강한 것이 덜 건강한 것보다 낫지만, 건강은 최대화할 수 있는 종류의 선은 아니다. 건강의 거장이 되고 싶어 하는 사람은 아무도 없다(건강염려증 환자는 빼고 말이다).

1920년대에 우생학자들은 주州 박람회에서 건강 경연대회를 열어

완벽에
대 한
반 론

'훌륭한 유전자를 지닌 가족'에게 상을 수여했다. 하지만 이런 기묘한 행사는 건강을 도구적 관점으로, 또는 최대화해야 하는 선으로 바라보는 어리석음을 보여준다. 경쟁 사회에서 성공을 가져다주는 재능이나 특성들과 달리 건강은 제한이 따르는 선이다. 부모는 끝없이 심화되는 경쟁에 뛰어들지 않고서도 아이의 건강을 추구할 수 있다.

그저 자녀의 건강을 신경 쓰고 염려하는 부모는 자녀의 설계자가 되거나 자녀를 자신이 원하는 대로 바꾸거나 자신의 야망을 이루는 도구로 만들지 않는다. 하지만 자녀의 성별을 선택하기 위해(비치료적 이유로) 엄청난 금액을 지불하는 부모, 생명공학 기술로 자녀의 지적 능력이나 운동 능력을 높이려는 부모의 경우는 다르다. 다른 모든 구분이 그렇듯이, 치료와 강화를 구분하는 경계는 흐릿하다. 예컨대 치아교정술 또는 키 작은 아이를 위한 성장호르몬 주입을 생각해보라. 하지만 그렇다 해도 치료와 강화의 구분이 중요한 이유는 분명히 존재한다. 그 구분이 중요한 것은, 아이를 강화하는 데 열심인 부모는 도를 지나칠 가능성이, 즉 무조건적인 사랑이라는 규범과 상반되는 태도를 갖게 될 가능성이 더 높기 때문이다.

물론 무조건적인 사랑을 베푸는 양육 방식이라고 해서 부모가 자녀의 발전을 돕고자 방향을 제시하는 것을 삼가야 하는 것은 아니다. 오히려 반대로 부모는 아이가 자신의 재능을 발견하고 충분히 발전시킬 수 있게 도울 의무가 있다. 메이의 설명에 따르면, 부모의 사랑에는 두 가지 측면이 있다. '받아들이는 사랑'과 '변화시키는 사랑'이다. 받아들이는 사랑은 아이의 존재 자체를 인정하며 긍정하는 것이고, 변화시키는 사랑은 아이의 행복을 추구하는 것이다. 둘 중 한 측면이 과도해지면 다른 한 측면이 그 과도함을 바로잡는 역할을 해준다. "아이를 있는 모습 그대로 받아들이려고만 하면 부모의 사랑이 너무 수용적인 것이 된다." 부모에게는 아이의 탁월성을 증진할 의무가 있다.[3]

그러나 요즈음 지나치게 의욕적인 부모들은 변화시키는 사랑에 열중하는 경향이 있다. 아이에게 온갖 것들을 성취해야 한다고 요구하면서 아이가 완벽해지길 바라는 것이다. 메이는 이렇게 말한다. "부모들은 사랑의 두 가지 측면 사이에서 균형 잡기를 어려워한다. 변화시키는 사랑 없이 받아들이는 사랑만 베풀면 아이의 응석을 다 받아주는 부모, 결국 태만한 부모가 되기 십상이다. 또 받아들이는 사랑을 모른 채 변화시키는 사랑만 주는 부모는 아이를 괴롭히고 결국 거부하게 된다." 메이는 이처럼 서로 다른 두 충동이 존재하는 것이 현대과학과 유사하다고 말한다. 현대과학을 통해서 주어진 세계를 있는 그대로 지켜보고 연구하고 감상하는 동시에, 그것을 특정한 방향으로 변화시키고 완벽하게 틀에 맞춰 만들어내기도 하기 때문이다.[4]

아이의 능력을 함양하고 발전시켜야 한다는 요구는 강화에 대한 반

완벽에
대 한
반 론

대론을 다소 복잡한 국면에 빠트린다. 우리는 아이를 위해 최선의 것을 추구하고 아이의 행복과 성공을 돕기 위해 노력을 아끼지 않는 부모를 존경한다. 그렇다면 교육과 훈련을 통해 그런 도움을 제공하는 것과 유전적 강화 기술을 통해 도움을 제공하는 것은 어떤 차이가 있는가? 어떤 부모들은 학비가 비싼 학교에 보내고, 개인 교사를 고용하고, 아이를 테니스 캠프에 보내고, 피아노나 발레 레슨을 시키고, 수영을 배우게 하고, SAT 준비 강좌를 듣게 해서 자녀에게 유리한 도움을 준다. 만일 이런 방식이 허용 가능하고 심지어 칭찬할 만한 것이라면, 부모가 (안전성이 보장된다고 가정할 경우) 유전학 기술을 이용해 자녀의 지능이나 음악적 재능, 운동 능력을 강화하는 것은 어째서 칭찬할 만하지 않은가?

강화 찬성론자들은 아이의 능력을 교육으로 향상시키는 것과 생명공학을 통해 향상시키는 것이 원칙적으로 아무런 차이가 없다고 주장한다. 한편 강화 비판론자들은 그 둘이 완전히 다르다고 주장한다. 그들은 유전적 구성을 조작해서 아이를 강화하려는 시도가 우생학을 연상시킨다고 말한다. 우생학은 유전자 풀의 개선을 목표로 하는 정책들(강제 단종 수술을 비롯해 여러 끔찍한 수단이 포함된다)을 통해 인간이라는 종을 개량하려는 학문으로서, 이제는 신뢰성을 잃은 지난 세기의 운동이다. 이런 상반되는 관점은 유전적 강화의 도덕적 지위를 명확히 하는 데 도움을 준다. 유전공학으로 자녀를 강화하려는 시도는 교육 및 훈련(좋다고 추정되는 방식)과 더 비슷한가, 아니면 우생학(나쁘다고 추정되는 방식)과 더 비슷한가?

강화 찬성론자들의 주장에서 일리 있는 측면은 이것이다. 유전공학으로 아이의 능력을 강화하는 것이 과도하게 관리하고 간섭하면서 아이를 양육하는 요즘의 방식과 그 정신에서 비슷하다는 점이다. 하지만 그런 유사성이 유전적 강화의 정당성을 보장해주지는 못한다. 오히려 그런 유사성은 과잉 양육 트렌드의 문제점을 더욱 부각시킨다.[5] 가장 대표적인 사례는 아이를 스포츠 챔피언으로 만들려고 혈안이 된 부모들이다. 더러는 그런 부모의 열정이 성공 사례를 낳기도 한다. 예컨대 리처드 윌리엄스Richard Williams는 딸인 비너스Venus와 세리나Serena가 태어나기도 전부터 그들을 테니스 선수로 키우겠다고 마음먹었다고 한다. 타이거 우즈의 아버지 얼 우즈Earl Woods는 타이거가 아직 아기 놀이텐트 안에서 놀던 시절에 골프채를 쥐어주었다. 리처드 윌리엄스는 〈뉴욕타임스〉 인터뷰에서 이렇게 말했다. "솔직히 말해서, 아이가 자기 스스로 이렇게 스포츠에 뛰어들진 않을 겁니다. 부모가 그 길로 이끄는 거죠. 사실 불편한 마음이 없진 않습니다. 하지만 장담하건대 부모가 계획을 세우지 않으면 이런 성공은 힘듭니다."[6]

이와 유사한 분위기는 엘리트 스포츠 영역 밖에서도 발견된다. 축구

장이나 어린이 야구단 경기장의 사이드라인에 서 있는 잔뜩 흥분한 부모들을 떠올려보라. 부모들의 간섭과 경쟁심이 어찌나 심한지 청소년 스포츠 리그들은 부모 출입금지 구역을 만들거나, 큰 소리로 고함치는 응원을 금지하는 주말 경기를 따로 제정하고, 스포츠맨 정신과 자제력을 발휘한 부모에게 상을 주는 등의 방식으로 부모의 과도한 간섭을 통제하려 하고 있다.[7]

과잉 양육이 청소년 선수들에게 미치는 피해는 사이드라인에서 고함치는 것 말고 또 있다. 즉석 스포츠 경기나 아이들끼리 삼삼오오 모여서 하는 놀이식 경기가 점점 줄어들고 대신 열성적인 부모들이 조직하고 관리하는 스포츠 리그가 늘어난 데 따른 부작용들이다. 소아과의사들의 보고에 따르면 십대 청소년들의 과다 사용 손상 overuse injury(같은 동작이나 연습을 계속 반복함으로써 신체에 발생하는 손상─옮긴이)이 크게 증가했다. 요즘은 열여섯 살짜리 투수들이 팔꿈치 관절 재건 수술을 받는다. 예전에는 선수생활을 더 오래 하려는 메이저리그 투수들이나 받던 수술이다. 보스턴 아동 병원의 스포츠의학 과장 라일 마이켈리 Lyle Micheli는 자신이 치료하는 청소년 환자의 70퍼센트가 과다 사용 손상 때문에 찾아온 경우인데, 25년 전만 해도 그런 환자는 10퍼센트에 불과했다고 말한다. 스포츠의학 전문의들은 과다 사용 손상이 늘어난 것은 자녀를 어릴 때부터 특정 스포츠 분야에서 뛰어나게 만들려고 1년 내내 훈련시키는 부모들이 많아졌기 때문이라고 말한다. 그는 "부모들은 한 가지 스포츠를 집중적으로 훈련시키면 아이의 성공 확률이 최대화된다고 믿습니다. 하지만 꼭 원하는 결과에 이르는 것은 아니지요."라고 덧붙였다.[8]

  청소년 스포츠 관계자와 의사들만 과도하게 간섭하는 부모를 자제시킬 방법을 찾고 있는 게 아니다. 대학 관계자들 역시 자녀의 삶을 통제하려는 열성 부모들이 많아졌다고 불만을 토로한다. 자녀의 대학 입학 원서를 써주고, 입학사정관에게 전화를 걸어 계속 질문을 해대고, 자녀가 학기말 리포트 쓰는 것을 도와주고, 기숙사 방에서 자녀와 하룻밤을 보내는 부모를 심심찮게 볼 수 있다. 심지어 어떤 학부모는 학교에 전화를 걸어 자기 아이를 아침에 깨워달라고 부탁하기도 한다.[9] 자녀를 지나치게 걱정하며 불안해하는 부모들을 자제시키는 임무를 맡았던 MIT의 입학처장 메릴리 존스^{Marilee Jones}는 "대학생 자녀를 둔 부모들인데도 통제가 불가능합니다."라고 말한다.[10] 버나드 대학 총장 주디스 샤피로^{Judith R. Shapiro}도 같은 의견이다. 그녀는 「캠퍼스에 부모들을 출입금지 시키자」라는 제목의 신문 칼럼에 이렇게 썼다. "소비자로서의 권리의식에다 아이를 내버려두지 못하는 심리까지 더해져 일부 부모들은 입학 단계부터 전공 선택에 이르기까지 자녀의 대학 생활의 모든 면을 관리하려고 든다. 일부이긴 해도 학장과 총장을 비롯한 교직원들이 그런 부모를 상대해야 하는 경우가 늘고 있다."[11]

자녀의 학교생활과 학력을 관리하려는 부모들의 광적인 의욕은 지난 10년 사이에 심해졌는데, 이는 통제하는 것에 익숙한 베이비붐 세대가 자녀를 대학에 보내기 시작한 시기와 맞물려 있다. 30여 년 전만 해도 SAT를 준비하며 스트레스를 받는 고등학생은 많지 않았다. 요즈음 부모들은 자녀의 대학 입학을 위해 SAT 준비 과정이나 개인 지도 교사, 교재와 소프트웨어에 엄청난 돈을 지출하며, 대입 시험 준비와 관련된 산업이 25억 달러 규모에 이른다.[12] 대표적인 SAT 준비 교육업 체인 카플란Kaplan은 1992년에서 2001년 사이에 총수익이 225퍼센트 증가했다.[13]

부유층 극성 부모들이 자녀의 대학 진학을 위해 공을 들이는 부분은 SAT 준비 과정뿐만이 아니다. 교육심리학자들의 보고에 따르면, 고등학교 2~3학년 자녀를 학습장애 진단을 받게 만들려고 애쓰는 부모들이 늘고 있다. SAT 시험을 치를 때 추가 시간을 얻기 위해서다. SAT 공동주관 기관인 칼리지보드College Board가 학습장애 때문에 시험 시간을 더 받은 학생들의 SAT 점수 옆에 별도의 표시를 하지 않겠다고 2002년 발표한 이후, 그와 같은 '장애 진단서 구입' 행태가 늘어나기 시작했다. 학부모들은 무려 2400달러를 들여 학습장애 평가를 진행하고, 자녀가 장애 진단을 받을 수 있도록 심리학자가 고등학교나 교육평가서비스 Educational Testing Service (SAT 공동주관 기관)에서 증언하도록 하는 데 시간당 250달러를 지출한다. 만일 한 심리학자에게서 원하는 진단을 얻어내지 못하면 기꺼이 다른 심리학자를 찾아간다.[14]

과잉 양육은 노력과 시간이 매우 많이 들기 때문에, 일부 부모들은 개인 상담사나 컨설턴트를 고용해 그 일을 맡기기도 한다. 개인 입시 상담사가 시간당 최고 500달러의 보수를 받고 학생들의 대학 지원 절차를 도와준다. 어느 학교에 지원할지 결정해주고, 지원에 필요한 자기소개서를 편집해주고, 이력서를 작성해주고, 면접에 대비해 연습을 시켜주는 것이다. 부모들의 불안이 커지면서 개인 상담 비즈니스가 유망한 산업으로 성장했다. 이 분야 직업군을 대표하는 교육컨설턴트협회[IECA]에 따르면, 요즘 대학 신입생 중 10퍼센트 이상이 카운슬러를 고용한 경험이 있다고 한다. 1990년에 이 비율은 불과 1퍼센트였다.[15]

이 분야에서 주로 부유층 고객을 상대하는 맨해튼 소재 기업인 아이비와이즈 IvyWise에서는 2년간 대학 입시 준비를 도와주는 '플래티넘 패키지'를 3만 2995달러에 제공한다.[16] 이 회사의 창업자 캐서린 코언 Katherine Cohen은 고등학교 시절 어떤 특별활동이나 자원봉사, 여름방학 활동을 해야 이력서를 멋지게 꾸며서 대학 합격 확률을 높일 수 있는지 고객들에게 알려준다. 그녀는 아이들(이를테면 제품)을 대학(이를테면 시장)에 내보내는 '마케팅'을 할 뿐만 아니라 '제품 개발'도 돕는다. 보수를 받고 일하는 극성 부모인 셈이다. 코언은 "나는 학생들의 대학 지원만 도와주는 게 아니라 그들의 인생을 도와줍니다."라고 말한다.[17]

일류 대학에 들어갈 수 있는 자녀로 만들기 위해 아주 어릴 때부터 피나는 노력을 기울이는 부모들도 있다. 코언의 동업자는 아이비와이즈 키즈IvyWise Kids라는 서비스를 제공한다. 이것은 뉴욕 시의 일류 사립 초등학교들(일명 베이비 아이비즈Baby Ivies)이나 그런 학교로 진학하는 데 도움이 되는 인기 높은 유치원들에 자녀를 집어넣고 싶어 하는 부모들을 위한 서비스다.[18] 몇 년 전 있었던 월스트리트 주식 애널리스트 잭 그루브먼Jack Grubman의 사례는 유치원 입학을 위한 치열한 경쟁이라는 트렌드를 단적으로 보여준다. 그는 자신의 두 살배기 쌍둥이 딸들을 명망 높은 맨해튼 92번가 Y 유아원에 들어갈 수 있게 도움을 주는 상사의 비위를 맞추기 위해서 AT&T 주식을 거짓으로 높게 평가했다고 한 이메일에서 밝혔다.[19]

성과에 대한 압력

두 살배기 쌍둥이를 일류 유아원에 보내려고 주식시장까지 움직여

가면서 수단과 방법을 가리지 않고 애쓴 그루브먼의 사례는 오늘날의 세태를 잘 보여준다. 이 사례는 부모가 자녀에게 갖는 기대치를 변화시키고 아이가 달성해야 하는 성과에 대한 요구를 증가시키는 압력이 높아지고 있음을 말해준다. 사립 유치원이나 초등학교에 지원하는 미취학 아동의 합격 여부는 잘 작성된 추천서와 아이의 지능 및 발달 상태를 측정하는 표준 시험 결과에 따라 결정된다. 일부 학부모는 그런 테스트를 준비시키려고 네 살짜리 아이에게 특별 지도를 한다. 또 많은 학부모가 타임트래커Time Tracker라는 34.95달러짜리 인기 장난감을 사준다. 이 장난감은 램프와 디지털 패널이 달려 있는 알록달록한 색깔의 장난감으로, 아이들에게 표준 시험을 보는 동안 시간을 잘 지키는 방법을 알려주기 위해 고안되었다. 4세 이상 아동에게 사용이 권장되는 이 기계에서는 "시작하세요"와 "시간이 다 됐어요"라고 말하는 남성의 디지털 목소리가 나온다.[20]

유아들이 치르는 시험은 사립 교육기관에만 국한된 것이 아니다. 부시 행정부는 헤드스타트Head Start(취학 전 아동을 위한 정부 교육 사업 - 옮긴이) 프로그램에 등록된 모든 4세 아동들이 표준화된 시험을 치르도록 했다. 초등학교에서 치러지는 주州별 시험이 증가하자 미국 전역의 학군에서 유치원 교육과정을 더 강화하게 되었고, 유치원에서는 미술 시간이나 휴식 시간, 낮잠 시간 대신에 읽기와 수학, 과학 교육이 이루

완벽에
대 한
반 론

어졌다. 이 아이들은 초등학교 1~2학년이 되면 숙제와 무거운 책가방과 씨름해야 한다. 6~8세 아이들에게 주어지는 숙제의 양은 1981년에서 1997년 사이에 3배로 증가했다.[21]

학습 성과에 대한 압력이 증가함에 따라, 산만한 아이들을 과제에 집중할 수 있게 도울 필요성도 높아졌다. 일각에서는 주의력 결핍 및 과잉행동 장애ADHD 아동이 급증한 것이 사회적으로 학습 성과에 대한 요구가 높아진 탓이라고 말한다. 소아과 의사이자 『리탈린 열풍 Running on Ritalin』의 저자인 로런스 딜러 Lawrence Diller는 현재 18세 이하 미국 청소년의 5~6퍼센트(총 400~500만 명)가 ADHD 치료를 위해 리탈린 Ritalin과 여타 자극제들을 처방받고 있다고 추산한다. 이런 자극제들은 집중력을 더 쉽게 유지하게 해주고 가만히 있지 못하고 주의력을 자꾸 분산시키는 것을 막음으로써 과잉 행동을 완화해준다. 지난 15년 동안 리탈린의 합법적인 생산량은 1700퍼센트 증가했으며, 역시 ADHD 치료제인 암페타민 약물 애더럴 Adderall의 생산량은 3000퍼센트 증가했다. 제약 업계 입장에서는 리탈린과 관련 약물에 관한 한 미국 시장이 연간 10억 달러의 수익이 나오는[22] 노다지굴이나 다름없다.

아동 및 청소년을 위한 리탈린 처방이 최근 급격히 증가했지만, 그런 약을 복용하는 아이들이 모두 주의력 결핍이나 과잉행동 장애를 갖고 있는 것은 아니다. 고등학생과 대학생들은 이런 약이 정상적인

주의력을 가진 사람의 집중력도 높여준다는 사실을 알게 되었다. SAT
나 대학 시험에서 높은 점수를 받으려는 일부 학생들은 친구가 처방
받은 리탈린을 구입하거나 빌려서 복용하기도 한다. 리탈린 사용과
관련해 가장 심각한 문제 중 하나는 의사들이 취학 전 아동에게 처방
하는 경우가 늘고 있다는 점이다. 6세 이하 아동에게는 처방할 수 없
게 되어 있음에도 불구하고, 2~4세 아동의 리탈린 처방 비율이
1991년에서 1995년 사이에 거의 3배로 증가했다.[23]

리탈린은 의료적 목적(ADHD 치료)과 비의료적 목적(경쟁우위를 갖
고 싶어 하는 건강한 아이의 성과 향상) 모두에서 효과를 발휘하기 때문
에 강화를 위한 여타 기술들과 똑같은 도덕적 딜레마를 제기한다. 그
딜레마가 어떤 식으로 해결되든 간에, 리탈린을 둘러싼 논란은 한 세
대 전에 약물(예컨대 마리화나나 LSD 같은 환각제)을 둘러싸고 벌어졌던
논란과 문화적 성격상 그 거리가 상당히 떨어져 있다.

1960년대와 1970년대의 약물들과 달리, 리탈린과 애더럴은 그저
흥미를 위해 시도하는 것이 아니라 본격적으로 작정하고 복용하는 약
이다. 리탈린과 애더럴 복용에는 세상을 있는 그대로 바라보고 받아
들이는 태도가 아니라 모종의 틀을 만들고 거기에 맞춰 자신을 변형
하려는 태도가 수반된다. 과거 우리는 비의료적 약물의 사용을 '기분
전환용'이라고 표현했다. 하지만 리탈린 같은 약에는 그런 표현이 적

용되지 않는다. 강화 논란을 불러일으키는 스테로이드나 여타 자극제들은 기분전환용이 아니라 성과를 향상시키고 완벽해져야 한다는 경쟁 사회의 요구에 따르기 위한 수단이다. 성과와 완벽에 대한 이런 요구는 주어진 능력을 불평하는 충동에 불을 지핀다. 이것이 강화에 도덕적 문제가 수반되는 근원적 이유다.

어떤 이들은 유전적 강화라는 방식과 자녀나 자신의 능력을 개선하기 위해 사용하는 다른 방식들 사이에 명확한 선을 그을 수 있다고 생각한다. 성과를 높이고 성공을 추구하기 위한 다른 방법들(가령 위에 언급한 것 같은 약물 사용)에 비해 유전적 조작을 통한 강화가 왠지 더 나쁜 방법처럼, 즉 더 개입적이고 더 부정직한 방법처럼 보이는 것이다. 그러나 도덕적으로 볼 때 그 차이는 생각보다 적다.

생명공학 기술로 아이의 능력을 강화하는 것이 과도한 간섭과 관리가 수반된 요즘의 양육 방식과 정신적으로 비슷하다는 주장에는 일리가 있다. 그러나 그 둘이 유사하다 해도 아이의 유전적 조작을 찬성해야 하는 근거가 되지는 못한다. 오히려 우리가 흔히 받아들이는, 부모가 지나치게 관리하는 양육 관행에 물음표를 던져봐야 할 이유가 된다. 오늘날 자주 목격되는 과잉 양육은 삶을 선물로 바라보는 관점을 놓친 채 과도하게 통제하고 지배하려는 심리를 보여주는 징후다. 이것은 우생학에 가까워지는 불안한 징조이기도 하다.

The Case against
PERFECTIO

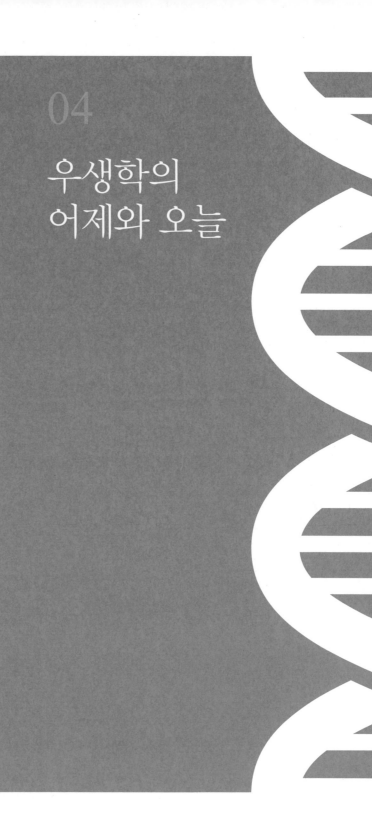

04

우생학의
어제와 오늘

우생학은 인간 종의 유전적 구성을 개량하겠다는 큰 야심을 가진 운동이었다. '잘 태어난well born'의 의미를 포함한 '우생학優生學, eugenics'이라는 말은 1883년 찰스 다윈Charles Darwin의 사촌인 프랜시스 골턴Francis Galton 경이 제창한 단어다.

골턴은 통계학적 방법을 이용하여 유전 형질을 연구했다.[1] 유전 형질이 사람의 재능과 성격을 지배한다고 확신한 골턴은 '여러 세대에 걸쳐 계속해서 신중하게 가려서 결혼을 하면 상당히 뛰어난 인종을 만들 수 있다.'고 생각했다.[2] 그는 "마치 새로운 종교처럼 우생학을 국가적 양심으로 도입해야 한다."고 주장했으며, 재능 있는 사람들에게 우생학적 목적을 갖고 배우자를 고르라고 독려했다. "자연이 맹목적이고 냉혹하게 서서히 하는 일을 인간은 선견지명을 갖고 사려 깊고도 신속하게 할 수 있다. (…) 우리의 혈통을 개선하는 것은 우리가 이

성적으로 추구할 수 있는 가장 고귀한 목표 중 하나다."[3]

과거의 우생학

골턴의 사상은 미국으로 퍼져나가 20세기 초 대중적인 운동을 불러일으켰다. 생물학자이자 우생학 옹호론자인 찰스 B. 대븐포트Charles B. Davenport는 1910년 미국 롱아일랜드 콜드스프링하버에 우생학 기록 사무국Eugenics Record Office을 세웠다. 이 기관은 전국 각지의 감옥, 병원, 빈민 구호소, 정신병자 치료 시설로 현장 연구원을 보내 심신 장애인들의 유전적 배경에 대한 데이터를 수집하고 조사했다. 대븐포트의 말에 따르면, 이 프로젝트의 궁극적 목표는 "미국 전역에 존재하는 훌륭한 인간 원형질의 종류를 목록으로 만드는 것"이었다.[4] 그는 그러한 데이터가 유전적으로 결함이 있는 아이의 출산을 막기 위한 우생학적 노력의 토대를 제공할 수 있으리라 기대했다.

전국에서 열등한 원형질을 없애려는 움직임은 인종차별주의자나 괴짜들만 가담하는 주변적인 운동이 아니었다. 카네기 연구소Carnegie Institution, 유니언 퍼시픽Union Pacific 철도회사 거물의 미망인이자 상속자인 해리먼 부인Mrs. E. H. Harriman, 존 록펠러 주니어John D. Rockefeller, Jr 등이 대븐

완벽에
대　한
반　론

포트의 연구에 자금을 지원했다. 당시의 많은 진보 개혁주의자들이 우생학을 지지했다. 시어도어 루스벨트Theodore Roosevelt는 대븐포트에게 보낸 편지에 이렇게 썼다. "뛰어난 유형의 올바른 국민들에게 주어진 가장 중요하고도 피할 수 없는 의무는 세상에 자신의 혈통을 남기고 떠나는 것임을, 또한 우리가 부적절한 유형의 국민들의 영속을 허용해서는 안 된다는 사실을 언젠가 우리 모두가 깨닫게 될 것입니다."[5] 산아제한을 옹호한 여성운동가인 마거릿 생어Margaret Sanger 역시 우생학을 지지하며 이렇게 말했다. "적격자가 낳는 아이를 늘리고 부적격자가 낳는 아이를 줄이는 것은 산아제한의 가장 중요한 핵심이다."[6]

우생학 운동에는 대중적인 장려운동과 교육도 포함되었다. 미국우생학협회American Eugenics Society는 가축 품평회와 더불어 전국 각지의 주州 박람회에서 열리는 '훌륭한 유전자 가족' 콘테스트를 후원했다. 콘테스트 참가자들은 자기 가족의 우생학적 내력을 제출하고 의학적 검사와 심리 및 지능 검사를 받았으며, 이를 토대로 가장 훌륭한 유전자를 지닌 가족들에게 트로피가 수여되었다. 또 1920년대에는 전국 350여 개 대학에 우생학 강의 과정이 개설되어, 고등교육을 받는 미국 젊은이들에게 자손 번식과 관련한 의무를 각인시켰다.[7]

그러나 우생학 운동에는 잔인한 측면도 있었다. 우생학 옹호론자들은 바람직하지 않은 유전자를 가진 사람들의 번식을 막기 위한 법안을 통과시키려고 로비 활동을 벌였고, 1907년 미국 인디애나 주에서는 정신병 환자와 감옥 수감자, 극빈자들의 강제 불임수술을 허용하는 법을 처음으로 채택했다. 이후 29개 주에서 강제 단종법sterilization law을 채택했고, 유전적으로 '결함 있는' 미국인들 6만 명 이상이 불임수술을 당했다.

1927년 미국 연방대법원은 악명 높은 '벅 대 벨Buck v. Bell' 사건에서 단종법에 대해 합헌 판결을 내렸다. 당시 17세 미혼모 캐리 벅Carrie Buck은 버지니아 주의 지적장애인 수용소에 수용되어 있었는데 불임수술을 명령 받았다. 올리버 웬들 홈스Oliver Wendell Holmes 대법관은 8:1로 단종법의 손을 들어주는 다수의견을 작성하며 이렇게 말했다. "우리는 전체 사회의 안녕을 위해 우수한 시민들의 생명이 희생되는 것이 요구되는 경우를 여러 차례 목격해왔다. 그렇다면 사회의 힘을 이미 무너뜨리고 있는 사람들에게 그것보다 더 적은 희생을 요구하지 못한다면 이상한 일이다. (…) 강제 예방접종을 시행하는 원리와 마찬가지로 자궁의 나팔관 절제도 강제할 수 있다. 타락한 자손이 범죄를 저질러 처형되거나 저능함 때문에 굶어죽게 되는 것을 기다리는 것보다는, 명백하게 결함이 있는 사람들이 출산하지 못하도록 하는 것이 사회에 더 유익하다." 홈스 대법관은 캐리 벅의 어머니와 딸도 역시 지적장애인이라는 점을 언급하면서 "3대가 모두 낮은 지능을 가졌으므로 불임

완벽에
대 한
반 론

수술의 근거는 충분하다."라고 말했다.[8]

　독일에서는 미국의 우생학적 법안을 숭배하는 인물로 아돌프 히틀러Adolf Hitler가 등장했다. 히틀러는 자서전『나의 투쟁Mein Kampf』에서 우생학에 대한 신념을 이렇게 밝혔다. "유전적으로 열등한 사람들이 똑같이 열등한 자손을 번식하는 것을 막아야 한다는 요구에는 매우 분명한 이유가 존재한다. 체계적으로 시행하기만 한다면 그것을 막는 일은 인류가 할 수 있는 가장 고상한 행동에 해당한다. 수백만의 불운한 자들이 부당한 고통을 당하는 것을 막을 수 있으며 결과적으로 인류 전체의 건강 수준이 높아질 것이기 때문이다."[9]

　히틀러는 1933년 독일 최고 권력자의 자리에 오른 후 우생학에 근거한 단종법을 공포하여 미국 우생학자들로부터 찬사를 받았다. 콜드스프링하버 출판사에서 발간한 〈우생학 뉴스Eugenical News〉는 히틀러의 단종법을 영어로 번역한 것을 실으면서, 그 내용이 미국 우생학 운동가들이 제안한 단종법과 유사하다고 자랑스럽게 보도했다. 우생학 열풍이 고조되어 있던 캘리포니아에서는 〈로스앤젤레스 타임스Los Angeles Times〉에 1935년 나치의 우생학에 대한 긍정적인 논평이 실렸다. '히틀러는 왜 "유전적 열성자를 불임시키라!"고 말하는가'라는 헤드라인 밑에 이런 내용이 적혀 있었다. "이것이야말로 미국과 전 세계가 비판할 수 없는 새로운 독일의 모습일 것이다."[10]

결국 히틀러는 우생학을 발판 삼아 불임수술에 그치지 않고 대량 집단학살을 자행하기에 이르렀다. 제2차 세계대전이 끝날 무렵, 나치의 잔혹 행위가 세상에 알려지면서 미국의 우생학 운동은 후퇴하기 시작했다. 몇몇 주에서는 1970년대까지도 계속되었지만, 1940년대와 1950년대를 거치면서 비자발적인 불임수술은 전반적으로 감소했다. 이후 언론에 의한 조사를 통해 과거 우생학이 저지른 만행들이 드러나 대중의 주목을 받으면서 2002년과 2003년에는 버지니아, 오리건, 캘리포니아, 노스캐롤라이나, 사우스캐롤라이나의 주지사들이 강제 불임수술의 피해자들에 대한 공식 사과문을 발표하기도 했다.[11]

우생학의 그림자는 유전공학과 강화를 둘러싼 오늘날의 논쟁에도 드리워져 있다. 유전공학에 대한 비판자들은 인간 복제, 강화, 맞춤 아기에 대한 욕구가 "민간화된" 또는 "자유시장의" 우생학에 불과하다고 주장한다. 한편 유전공학 옹호자들은 자유로운 의사에 따른 유전학적 선택은 우생학과 다르다고, 적어도 우생학이라는 말에 담긴 경멸적인 의미는 적용되지 않는다고 응수한다. 또 자유롭게 결정한 유전학적 선택에는 우생학 정책들이 혐오스럽다고 비판받는 원인인 강제성이 배제되어 있다는 점을 강조한다.

우생학의 교훈을 정리하는 일은 강화의 윤리와 씨름하는 또 다른 하나의 길이다. 나치는 우생학에 오명을 씌웠다. 그런데 정확히 무엇

완벽에
대 한
반 론

때문에 우생학이 잘못된 것인가? 오로지 강제성을 띤다는 이유 때문에 우생학에 반대해야 하는가? 아니면 다음 세대의 유전적 구성을 통제하기 위한 비강제적 방법들도 잘못된 것인가?

자유시장 우생학

강제성이 없는 최근의 한 우생학 정책을 생각해보자. 1980년대에 싱가포르 총리 리콴유는 싱가포르 고학력 여성들의 출산율이 저학력 여성들보다 낮은 상황을 우려하면서 이렇게 말했다. "이처럼 한쪽으로 치우친 출산이 계속된다면 싱가포르는 현재의 국가 수준을 유지하지 못하게 될 것이다." 그는 이후 세대에서 "재능 있는 인재가 고갈될 것"을 우려했다.[12] 그러한 상황을 막기 위해 싱가포르 정부는 대졸 여성들의 결혼과 출산을 장려하기 위한 정책들을 만들었다. 국가가 운영하는 온라인 만남 주선 서비스, 출산하는 대졸 여성을 위한 재정 지원, 대학 커리큘럼에 이성교제 강의 개설, 미혼 대졸자들을 위한 무료 '사랑의 유람선' 사업 등이 그것이다. 이와 동시에 고등학교 졸업장이 없는 저소득층 여성들이 불임수술을 받는 것에 동의하는 경우, 그들에게 저가 아파트의 계약금 4000달러를 지원했다.[13]

싱가포르의 정책은 우생학을 자유시장에 맞는 버전으로 변형한 것이다. 사회적으로 환영받지 못하는 사람들에게 강제로 불임수술을 받게 한 것이 아니라 그에 대한 금전적 보상을 제공했기 때문이다. 그런데 전통적인 우생학 정책이 도덕적으로 혐오스럽다고 여기는 이들은 자발적 불임을 장려하는 싱가포르의 정책에서도 도덕적 불편함을 느낄 가능성이 높다. 어떤 이들은 4000달러라는 지원금 제도가 강제적인 정책과 흡사하다고 말할 것이다. 특히 풍요로운 삶을 살 가능성이 적은 빈곤층 여성에게 더욱 그렇다. 또 어떤 이들은 고학력 여성을 위한 사랑의 유람선조차도 집단주의적 사업의 일부라고 주장할 것이다. 출산에 관한 선택은 국가의 간섭이나 감시 없이 개인이 자신의 의지에 따라 스스로 내려야 하는 것인데 그런 선택권을 침해한다는 것이다. (보고된 바에 따르면, 나라를 위해 '자식을 낳으라고' 부추김을 당하는 것에 여성들이 분개한 탓에 이 정책들은 별로 호응을 얻지 못했다고 한다.)[14]

하지만 우생학에 반대할 만한 다른 근거도 존재한다. 설령 강제성이 동반되지 않은 경우라도, 계획에 따라 고의적으로 자손의 유전적 특성을 결정하려는 태도(개인적이든 집단적이든)에는 문제가 있다. 이러한 태도는 국가가 지원하는 우생학 정책보다는 부모가 태어날 아기를 고르는 것을 가능케 하는 출산 관행에서 나타날 가능성이 더 높다.

프랜시스 크릭 Francis Crick과 함께 DNA의 이중나선 구조를 발견한 생

완벽에
대   한
반   론

물학자 제임스 왓슨 James Watson은 국가가 강제하지 않고 개인의 자유로운 선택에 의한 것이라면 유전공학과 강화에 도덕적 문제가 없다고 생각한다. 그런데 왓슨의 경우, 선택이라는 언어는 과거의 우생학 정서와 공존한다. 최근 왓슨은 런던의 〈타임스〉에서 이렇게 말했다. "정말로 지적 수준이 낮다면 그것은 질병이라고 할 수 있다. 심지어 초등학교에서조차 어려움을 겪는 하위 10퍼센트를 생각해보라. 그 원인이 무엇일까? 많은 사람들이 '아마도 빈곤 탓이겠지요.'라고 말하겠지만, 그게 아닐 것이다. 따라서 나는 그 유전적 원인을 제거해서 하위 10퍼센트 사람들을 돕고 싶다."[15]

그보다 몇 년 전 왓슨은, 만일 동성애 유전자가 발견된다면 동성애 자녀를 원치 않는 임신 여성은 그 유전자를 가진 태아를 낙태할 자유를 가져야 한다고 말해 세간에 논란을 불러일으켰다. 이 발언이 엄청난 논란에 휩싸이자 그는 자신은 동성애자를 추려내자는 취지로 말한 것이 아니라 출산과 관련해 자신이 지지하는 원칙을 밝힌 것뿐이라고 해명했다. 유전적 선호에 따른 그 어떤 이유로도 태아를 낙태할 자유가 여성에게 있어야 한다는 의미라고 설명했다. 검사 결과 아이가 난독증이 있거나, 음악적 재능이 없거나, 농구선수가 되기에 키가 너무 작게 태어날 것으로 예상되는 경우 등 말이다.[16]

왓슨의 시나리오는 태아의 살 권리를 근거로 낙태에 반대하는 이들에게 특별한 도전을 제기하지 않는다. 어차피 그들에게는 이유를 막론하고 모든 낙태가 말도 안 되는 범죄이기 때문이다. 그런데 살 권리를 주장하는 입장에 동의하지 않는 사람들은 왓슨의 주장 앞에서 어려운 문제 하나를 떠올리게 된다. 만일 동성애 자녀나 난독증 자녀를 피하기 위해 낙태를 고려하는 것이 도덕적으로 잘못됐다면, 이는 설사 강제성이 없어도 우생학적 선호에 따라 행동하는 것에 문제가 있음을 의미하는 것이 아닌가?

난자와 정자 시장을 생각해보자. 인공수정은 예비 부모들이 자녀가 갖고 태어나길 원하는 유전적 특성을 지닌 생식세포를 고를 수 있게 해준다. 인공수정은 원하는 아이를 생산하는 측면에서 복제나 사전 이식 유전자 진단법에 비해 예측도가 떨어지지만, 과거의 우생학이 새로운 소비자 중심주의와 만나는 출산 관행의 대표적 사례에 해당한다. 아이비리그 대학들의 교내신문에 실렸던 광고를 떠올려보라. 키가 175센티미터에 탄탄한 몸매를 지니고 가족 병력이 없으며 SAT 점수가 1400점 이상인 여성이 난자를 제공하면 5만 달러를 지불하겠다는 광고 말이다. 더 최근에는 패션모델들의 사진을 올려놓고 그들의 난자를 경매에 부치는 웹사이트도 등장했다. 입찰 최초가가 1만 5000달러에서 높게는 15만 달러에 이르렀다.[17]

난자 시장에 반대할 만한 근거가 있다면 무엇인가? 아무도 난자를 팔거나 사는 것을 강요당하는 것이 아니기 때문에 강제성을 근거로 잘못됐다고 말할 수는 없다. 보상으로 받는 엄청난 금액이 가난한 여성들로서는 거부하기 힘든 제안이므로 그들을 부당하게 이용하는 것이라고 말하는 이들도 있을 것이다. 하지만 거액에 팔리는 맞춤형 난자는 가난한 사람이 아니라 사회적으로 상류층인 사람의 것일 가능성이 높다. 최상급 난자를 시장에서 사고파는 일에 도덕적 꺼림칙함이 느껴진다면, 이는 선택의 자유를 근거로 우생학에 관한 우려가 잠재워지는 것은 아님을 의미한다.

정자은행 두 곳의 사례는 그 이유를 이해하는 데 도움을 준다. 미국의 초기 정자은행들 중 하나인 생식세포 선택 보관소Repository for Germinal Choice는 상업적인 기업이 아니었다. 1980년 우생학적 박애주의자 로버트 그레이엄Robert Graham이 설립한 이 기관은 세계의 '생식질germ plasm'(생식을 통해 자식을 만들 때 근원이 되는 것. 정소나 난세포 등을 말함 — 옮긴이)의 수준을 높이고 '퇴화하는 인류'의 등장을 막기 위해 노력한다는 목표를 표방했다.[18] 그레이엄의 계획은 매우 똑똑한 아기들을 출산하게 하려고, 노벨상 수상 과학자들의 정자를 수집하여 정자 기증자를 찾는 여성들에게 제공하는 것이었다. 하지만 그레이엄은 이 기이한 프로젝트에 노벨상 수상자들이 정자를 기증하도록 설득하는 데 어려움을 겪었고, 결국 노벨상 수상자들 대신 전도유망한 젊은 과학자들의

정자를 받는 것에 만족해야 했다. 이 정자은행은 1999년 문을 닫았다.[19]

한편 세계적으로 손꼽히는 정자은행인 캘리포니아 정자은행 California Cryobank은 영리 목적의 회사로 우생학적 사명은 갖고 있지 않다.[20] 이 회사의 공동창립자인 캐피 로스먼 Cappy Rothman은 그레이엄의 우생학에 대해 경멸감을 갖고 있다. 그럼에도 캘리포니아 정자은행이 정자 기증자들에게 요구하는 기준은 까다롭다고 알려져 있는데 그레이엄이 원했던 것보다 결코 덜하지 않다. 이 회사는 하버드 대학과 MIT가 위치한 매사추세츠 주 케임브리지, 그리고 스탠퍼드 대학과 인접한 캘리포니아 주 팰러앨토에서 사무실을 운영하고 있다. 이 회사는 대학 교내신문들에 정자 제공자를 찾는 광고를 내는데(월 최고 900달러까지 준다고 제안한다), 지원자들 중에 적합한 제공자로 판정을 받는 비율은 3퍼센트도 안 된다.

캘리포니아 정자은행의 마케팅 홍보물을 보면 자사가 제공하는 정자가 최고 수준임을 강조한다. 정자 제공자 카탈로그에는 각 제공자의 신체적 특징, 인종, 대학 전공에 이르기까지 상세한 정보가 실린다. 이 회사의 잠재 고객들은 추가 비용을 지불하면 정자 제공자의 기질과 성격 타입을 평가한 테스트 결과도 받아볼 수 있다. 로스먼은 이상적인 정자 제공자의 요건이 대학 학위 소지, 키 182센티미터, 갈색 눈동자에 금발 머리와 보조개라고 밝힌다. 회사가 그런 특성들을 널리

완벽에
대 한
반 론

증식시키고 싶어서가 아니라 고객들이 그런 특성들을 원하기 때문이라고 한다. "만일 고객들이 고등학교 중퇴자를 원한다면 우리는 그런 사람의 정자를 제공할 겁니다."[21]

모든 사람들이 정자를 사고파는 것에 반대하는 것은 아니다. 하지만 노벨상 수상자의 정자를 제공하는 기관의 우생학적 측면에 대해 도덕적 반감을 느끼는 사람이라면, 캘리포니아 정자은행이 아무리 소비자 중심적이라 하더라도 이 회사에 대해서도 반감을 느낄 것이다. 명백한 우생학적 목적으로 아이를 설계하는 것과 시장의 요구에 따라 아이를 설계하는 것 사이에는 어떤 도덕적 차이가 있는가? 그 목적이 인류 생식질의 수준을 높이는 것이든 소비자의 기호에 부응하는 것이든, 아이를 계획적인 설계의 결과물로 만드는 몇몇 사례는 모두 우생학적 시도에 해당한다.

자유주의 우생학

게놈의 시대에 우생학의 언어는 강화에 대한 비판자들뿐만 아니라 옹호자들 사이에서도 되살아나고 있다. 영미권의 영향력 있는 일단의 정치철학자들은 새로운 '자유주의 우생학liberal eugenics'을 요구한다. 그들이 말하는 자유주의 우생학이란 아이의 자율성을 제한하지 않는 비강제적인 유전적 강화를 의미한다. 니컬러스 아가Nicholas Agar는 이렇게 주장했다. "과거의 권위주의적인 우생학자들은 중앙 권력이 설계한 하나의 틀에 맞는 국민을 생산하려고 했지만, 새로운 자유주의적 우생학의 독특한 특징은 바로 국가 중립성이다."[22] 국가는 부모에게 어떤 종류의 아이를 설계할지 지시해서는 안 되고, 부모는 아이의 인생 계획을 특정한 방향으로 치우치게 하지 않으면서 아이의 능력을 개선할 수 있는 유전적 특성들만 설계할 수 있다는 것이다.

생명윤리학자인 앨런 뷰캐넌Allen Buchanan, 댄 브록Dan W. Brock, 노먼 대니얼스Norman Daniels, 대니얼 위클러Daniel Wikler가 유전학과 정의를 주제로 함께 쓴 저작물은 그와 유사한 견해를 제시하면서, "우생학이 오명을 얻은 것"은 "미래의 우생학 프로그램에서는 피할 수 있는" 관행들 때문이었다고 말한다. 과거 우생학의 문제점은 그것에 수반되는 부담이 사회적 약자와 빈자들에게 지나치게 편중되게 지워져서, 그들만 부당하게 차별과 불임수술을 당했다는 점이다. 하지만 유전적 강화가 주는 이로움과 부담이 모두에게 공정하게 분배된다면 우생학적 조치들을 반대할 이유가 없고, 심지어 윤리적으로 필요할 수도 있다는 것이 이 생명윤리학자들의 주장이다.[23]

법철학자 로널드 드워킨Ronald Dworkin도 자유주의적 우생학을 옹호하

완벽에
대 한
반 론

는 입장이다. 그는 "미래 세대가 수명이 길어지고 더 풍부한 재능과 성취를 누릴 수 있게 한다는" 야망에는 아무런 문제가 없다고 말한다. "만일 신처럼 행동하는 것이 인간이라는 종을 개선하려고 분투하는 것이라면, 즉 신이 고의적으로 또는 자연이 맹목적으로 영겁의 세월 동안 만들어놓은 것을 개선하려는 결심과 우리의 의식적인 계획을 결합하는 것이 신처럼 행동하는 것이라면, 윤리적 개인주의의 제1원칙은 우리에게 그런 분투를 명령한다."[24] 자유지상주의 철학자 로버트 노직Robert Nozick은 사회 전체 구성원들에게 단일한 하나의 디자인을 강요하지 않고 부모들이 원하는 디자인에 따라 아이를 주문할 수 있는 "유전학적 슈퍼마켓"을 제안했다. "이와 같은 슈퍼마켓 시스템의 가장 큰 장점은 미래의 인간 유형을 특정하게 고정시키는 중앙 권력의 결정이 존재하지 않는다는 것이다."[25]

존 롤스John Rawls조차도 대표 저작 『정의론A Theory of Justice』에서 자유주의적 우생학을 지지하는 입장을 살짝 내비쳤다. 그는 유전적인 제비뽑기의 이익과 부담을 나눠갖기로 합의한 사회에서도 "보다 풍부한 자연적 자산을 갖는 것은 모두에게 이로우며, 이로써 사회 구성원 각자는 자신이 선호하는 인생 계획을 추구할 수 있다."고 썼다. 사회계약의 당사자들은 "(그들의 유전적 자질이 고정돼 있다고 가정하고) 후손에게 가장 훌륭한 유전적 자질을 보장해주고 싶어 한다." 따라서 우생학 정책은 허용 가능할 뿐만 아니라 정의로서 필요한 것이다. "그러므로 시간이 흐를수록 사회는 적어도 자연적 능력의 전반적 수준을 유지하고 심각한 결함의 확산을 막기 위한 조치를 취해야 한다."[26]

자유주의적 우생학은 과거의 우생학보다 덜 위험하기는 하지만 동시에 덜 이상주의적이다. 20세기의 우생학 운동은 온갖 어리석은 행태와 어두운 측면을 드러내긴 했지만, 인류를 개량하고 전체 사회의 집단적 행복을 증진하겠다는 포부에서 생겨난 것이었다. 그러나 자유주의적 우생학은 이런 집단적인 야망이나 목표와 동떨어져 있다. 자유주의적 우생학은 사회적 개혁을 위한 운동이 아니라, 특권층 부모가 원하는 종류의 아이를 갖고 아이에게 경쟁사회에서 성공할 수 있는 조건을 갖춰주기 위한 방법이다.

그런데 자유주의적 우생학이 개인의 선택을 강조함에도 불구하고, 얼핏 보기와는 다르게 국가의 강요라는 요소를 내포하고 있다.[27] 강화 찬성론자들은 아이의 지적 능력을 교육을 통해 향상시키는 것과 유전학적 개입을 통해 향상시키는 것 사이에 도덕적 차이가 없다고 본다. 자유주의적 우생학 관점에서 중요한 것은 교육이나 유전학적 개입 모두 아이의 자율권, 즉 "열린 미래에 대한 권리"를 침해하지 않는다는 사실이다.[28] 강화된 지적 능력이 '다목적' 수단이라면, 따라서 아이가 특정한 직업을 선택하거나 특정한 계획을 설계하도록 만들지 않는다면, 그러한 강화는 도덕적으로 허용할 수 있다는 것이다.

그러나 (열린 미래에 대한 권리를 존중하면서) 자식의 행복을 증진하려고 노력하는 것이 부모의 의무임을 감안할 때, 그러한 강화는 허용 가능할 뿐만 아니라 의무적인 것이 된다. 부모가 아이를 학교에 보내는 것을 국가가 의무화할 수 있는 것과 마찬가지로, (안전성이 보장된다면) 유전학 기술로 아이의 IQ를 높이는 것도 의무화할 수 있다. 중요한 것은 강화된 능력이 "그 어떤 인생 계획을 추구하는 데도 유용한 다목적 수단이라는 사실이다. (…) 그런 능력이 진정으로 다목적 수단에 가까워질수록, 그 능력의 유전학적 강화를 국가가 장려하거나 심지어 의무화하는 것에 대한 반대도 줄어들 것이다."[29]

"윤리적 개인주의에 대한 자유주의적 원칙은, 미래 세대의 수명을 늘리고 그들이 더욱 풍부한 재능과 성취를 누릴 수 있도록 우리가 힘껏 노력할 것을 허용할 뿐만 아니라 명령한다."[30] 따라서 자유주의적 우생학은 국가가 강제하는 유전공학을 전혀 거부하지 않는다. 다만 유전공학으로 설계되는 아이의 자율성이 존중되기만을 요구할 뿐이다.

자유주의적 우생학은 영미권의 많은 윤리학자와 정치철학자들의 지지를 얻었지만, 독일의 저명한 철학자 위르겐 하버마스 Jürgen Habermas 는 거기에 반대한다. 과거 독일의 우생학이 보여준 어두운 측면을 누구보다 생생하게 인식하고 있는 하버마스는 비치료적 목적의 강화를 위한 배아 선별법과 유전자 조작에 반대한다. 자유주의적 우생학에 대한 그의 반대가 특히 흥미로운 것은, 그가 자신의 반대론이 전적으로 자유주의적 전제에 근거한 것으로서 영적이거나 신학적인 개념을 끌어들일 필요가 없다고 생각하기 때문이다. 유전공학에 대한 그의 비판은 "탈형이상학적 사유의 전제들을 포기하지 않으며", 이는 곧 좋은 삶이 무엇인가에 관한 특정한 관념에 의존하지 않는다는 의미다. 그는 현대의 다원적인 사회에 사는 사람들은 도덕과 종교에 대해 저마다 의견이 다르므로 공정한 사회라면 그런 논쟁에서 어느 한쪽 편을 들어서는 안 되고 대신 각자 좋은 삶이라고 여기는 것을 선택하고 추구할 자유를 각 개인에게 부여해야 한다는 점에서 존 롤스와 뜻을 같이한다.[31]

하버마스는 자녀를 선택하거나 자질을 강화하기 위한 유전학적 개입에 반대하는데, 그 이유는 그런 개입이 자유주의 원칙인 자율성과 평등성을 위반하기 때문이라고 말한다. 자율성을 침해하는 이유는 유전적으로 프로그래밍된 사람을 "자기 자신의 삶의 온전한 주체자"로 볼 수 없기 때문이다.[32] 또 평등성을 침해하는 것은 세대 간의 "자유롭고 평등한 인간들 사이의 본질적으로 균형적인 관계"를 파괴하기 때문이다.[33] 이러한 불균형을 보여주는 한 가지 척도는, 부모가 아이의 설계자가 되는 순간 불가피하게 그 부모는 아이 삶에 대해 상호성이

성립될 수 없는 책임을 지게 된다는 점이다.[34]

하버마스가 우생학적 양육에 반대하는 것은 타당하지만, 그 반대론의 근거를 자유주의적 전제에서만 찾을 수 있다는 생각은 틀렸다. 부모의 설계에 따라 만들어진 맞춤 아기가 그 유전적 특성 면에서 자연적 방식으로 태어난 아기보다 자율성을 덜 갖는 것은 아니라는 자유주의적인 우생학 옹호자들의 말은 일리가 있다. 우생학적 조작이 아니라도 어차피 우리는 자신이 갖고 태어나는 유전적 특질을 스스로 선택할 수 없다.

또 세대 간의 평등성과 상호성이 훼손된다는 하버마스의 우려에 대해, 자유주의적 우생학 옹호자들은 그런 우려가 적법하긴 하지만, 꼭 유전적 조작에만 해당되는 것은 아니라고 응수한다. 자녀가 세 살 때부터 끊임없이 피아노를 연습하도록 강요하거나 자녀에게 하루 종일 테니스 연습을 시키는 부모 역시 아이의 삶에 상호성이 성립될 수 없는 종류의 통제력을 행사하는 것이다. 문제는 부모의 간섭이(우생학적 노력이든 환경적 간섭이든) 아이 스스로 자신의 인생 계획을 선택할 자유를 침해하는가의 여부라고 자유주의적 우생학 옹호자들은 주장한다.

자율성과 평등성의 윤리는 우생학이 왜 잘못됐는지 그 이유를 설명해주지 못한다. 그러나 하버마스는 자유주의적인, 즉 '탈형이상학적인' 고려 사항의 한계를 넘어서 한층 나아간 논지를 펼친다. "우리는 그 본질상 우리 마음대로 통제할 수 없는 무언가와 관련해서 자신의 자유를 경험한다."는 것이다. 자신이 자유롭다고 생각하기 위해서는 자신의 기원을 "인간의 마음대로 할 수 없는 어떤 시초"에 둘 수 있어야 한다. "신이나 자연처럼 타인이 마음대로 할 수 없는 어떤 것"에서 기인한 시초 말이다. 나아가 하버마스는 "출생은 하나의 자연적 사실로서, 우리가 통제할 수 없는 시초라는 개념적 요건을 충족한다. 철학에서 이 문제를 다루는 일은 거의 없었다."라고 말한다. 그는 이 문제를 다룬 예외적인 철학자로 한나 아렌트Hannah Arendt를 든다. 아렌트는 인간이 만들어지지 않고 태어난다는 사실 자체를 의미하는 '탄생성natality'을 행위를 시작할 수 있는 능력의 조건으로 본다.[35]

하버마스가 "우리가 마음대로 통제할 수 없는 우연성(즉 삶의 시작의 우연성)과 자신의 삶에 윤리적 형태를 부여할 자유 사이의 연관성"을 주장할 때, 중요한 지점을 제대로 짚은 것 같다.[36] 그에게 이 연관성이 중요한 것은, 우연적이고 비인격적인 시초에서 태어난 아이와 달리, 유전적으로 설계된 아이가 타인(설계하는 부모)에게 빚을 지고 종속되어 있는 존재인 이유를 설명해주기 때문이다.[37]

그런데 우리의 자유가 "통제할 수 없는 시초"와 밀접한 관계에 있다는 견해는 다음과 같은 맥락에서 보다 커다란 중요성을 띤다. 아이의 자율성에 미치는 영향이 어떻든 간에, 우연성을 제거하고 출생의 신

완벽에
대　한
반　론

비를 정복하려는 욕구는 아이를 설계하는 부모의 가치를 떨어뜨릴 뿐만 아니라 무조건적 사랑이라는 규범이 지배하는 사회적 관행인 양육의 의미를 오염시킨다.

이로써 우리는 '선물로 받음'이라는 개념으로 다시 돌아가게 된다. 설령 아이에게 해를 미치거나 아이의 자율성을 손상시키지 않는다 할지라도 우생학적 양육은 잘못된 것이다. 그런 양육 방식은 세계에 대한 특정한 태도, 즉 정복하고 통제하려는 태도를 표현하고 확고히 하기 때문이다. 그런 태도로 인간의 능력과 성취가 선물로 주어진 삶의 일부임을 인정하지 못하고, 또 우리가 가진 자유의 일부분이 자연적으로 주어진 능력과 끊임없이 교섭하는 과정에 있다는 사실을 깨닫지 못하게 된다.

The Case against
PERFECTION

05

정복과 선물

우생학과 유전공학의 문제점은 그것이 일방적인 승리를 대변한다
는 점이다. 가령, 계획적인 의도가 선물에 대한 감사의 태도를 누르고,
지배하는 자세가 경외하는 자세를 누르고, 틀에 맞춰 만들어내는 것
이 있는 그대로 지켜보는 것을 누르고 이기는 경우다. 우리는 왜 이런
승리를 우려해야 하는가? 어째서 미신을 떨쳐내듯이 유전적 강화에
대한 불안감을 떨쳐내지 못하는가? 만일 생명공학이 선물로 주어진
삶에 대한 인식을 무너뜨린다면, 우리가 잃게 되는 것은 무엇인가?

겸손과 책임과 연대

종교의 관점에서 보면 그 답은 분명하다. 재능과 능력이 순전히 자

신의 행위의 결과물이라고 믿는 것은 창조에서 인간이 점하는 위치를 오해하는 것이고, 인간의 역할과 신의 역할을 혼동하는 것이다. 그러나 삶이 선물로 주어진 것임을 인식해야 하는 이유가 종교적 관점에만 있는 것은 아니다. 비종교적인 방식으로도 그것이 도덕적으로 중요한 이유를 설명할 수 있다. 만일 유전학적인 혁명이 인간의 능력과 성취에 선물의 성격이 존재한다는 우리의 인식을 잠식한다면, 겸손·책임·연대라는 도덕적 지평의 세 가지 중요한 특성에 변화를 가져올 것이다.

정복과 통제를 높이 평가하는 사회적 세계에서 부모가 된다는 것은 겸손을 배울 수 있는 학교를 만나는 것이다. 우리가 자녀에게 깊은 관심을 가지고 있지만 원하는 대로 자녀를 고를 수는 없다는 사실은 예상치 못한 것을 열린 마음으로 받아들여야 한다는 점을 부모에게 가르쳐준다. 이러한 열린 태도는 단지 가족 내에서뿐만 아니라 더 넓은 사회에서도 지지하고 긍정할 만한 가치다. 그런 태도는 예상치 못한 것을 감내하고, 불협화음을 수용하고, 통제하려는 충동을 자제하게 만든다.

영화 〈가타카〉에서처럼 부모가 아이의 성별과 유전적 특성을 구체적으로 결정하는 것을 당연시하는 세상에서는 선택되어 태어나지 않은 이들은 환영받지 못하며, 그런 세상은 특정한 유전자를 가진 사람들의 출입을 막는 통제구역이나 다름없다.

사람들이 유전학적 자기 강화에 익숙해지면 겸손을 위한 사회적 토대도 서서히 약화된다. 재능과 능력이 전적으로 자신의 행동의 결과가 아니라는 점을 인식하면 오만으로 치닫는 위험을 억제할 수 있다. 만일 생명공학 기술로 인해 '스스로 자기 자신을 만드는 인간'이라는 신화가 현실이 된다면, 재능을 선물로 부여받은 것에 감사하기보다는 자신만의 힘으로 이뤄낸 결과물로 여기는 관점이 팽배해질 것이다. (물론 유전학적으로 강화된 아이의 특성도 혼자의 힘으로 이뤄낸 것이 아니라 누군가에게 부여받은 것이지만 이 경우 그 빚을 진 대상은 자연이나 운, 또는 신이 아니라 그의 부모가 될 것이다.)

유전적 강화가 노력과 분투의 의미를 퇴색시킴으로써 인간의 책임성을 약화시킨다고 생각하는 이들이 있다. 하지만 진짜 문제는 책임성의 약화가 아니라 책임성의 증폭이다. 겸손이 와해되면서 책임성이 엄청난 수준으로 확대되는 것이다. 우리는 점점 더 운보다는 선택에 많은 무게를 두게 된다. 아이를 위한 적절한 유전적 특성을 선택한 것이나 선택하지 않은 것에 대한 책임이 부모에게 지워지게 된다. 또 팀의 승리에 도움이 되는 재능을 획득한 것이나 획득하지 못한 것에 대한 책임이 운동선수 자신에게 지워지게 된다.

우리 자신을 자연, 신, 또는 운이 만든 존재로 여기면 자신의 모습에 대한 책임이 전적으로 자기 자신에게만 있는 것은 아니라고 생각할 수 있는 축복을 누릴 수 있다. 유전적으로 지닌 재능을 마음대로 통제할 수 있는 주인이 될수록 자신의 재능이나 성과에 대해 더 많은 짐과 부담을 지게 된다. 지금은 농구선수가 리바운드를 놓치면 코치가 그 선수에게 정해진 위치를 벗어난 탓에 그런 실수가 나왔다고 혼낼 수 있다. 그러나 미래에는 선수의 키가 너무 작기 때문이라고 나무랄지도 모른다.

요즘도 프로스포츠 분야에서 운동능력 강화 약물을 사용하는 경우가 빈번해지면서 선수들이 서로에 대해 갖는 기대치가 미묘하게 변화하고 있다. 과거에는 선발 투수가 속한 팀의 득점이 부진하면 나쁜 운을 탓하면서 담담하게 받아들였다. 하지만 요즘은 암페타민이나 여타 자극제를 사용하는 경우가 상당히 늘어나서, 그런 약제를 복용하지 않고 경기에 나오는 선수들은 "발가벗고 출전했다playing naked"는 비난을 받기도 한다. 최근 은퇴한 한 메이저리그 외야수는 일부 투수들이 강화 약물을 먹지 않는 동료를 비난한다고 〈스포츠 일러스트레이티드Sports Illustrated〉 인터뷰에서 말했다. "선발 투수는 다른 동료가 '발가벗고' 출전한다는 사실을 알면 그 동료에게 최선을 다하지 않은 것이라면서 화를 냅니다. 일류급 투수는 동료들이 강화제를 복용하고 경기에 나오기를 원합니다."[1]

완벽에
대 한
반 론

책임성의 증폭과 그것이 야기하는 도덕적 부담은 산전 유전자 검사와 관련한 규범이 변화하고 있는 것에서도 찾아볼 수 있다. 과거에 다운증후군 아이가 태어나는 것은 그저 우연의 문제였다. 반면 요즘은 다운증후군이나 다른 유전적 장애를 가진 아이의 부모는 주변에서 자신을 비난하는 시선을 느끼게 된다.[2]

과거에는 운명이 좌우하던 영역이 이제는 선택이 지배하는 영역이 되었다. 어떤 유전적 조건이 임신 중절(또는 착상 전 유전진단에서 원치 않는 배아를 추려내는 것)을 정당화하는가에 대해 각자가 어떤 생각을 갖고 있든(그런 정당성을 부여하는 유전적 조건이 있다면), 유전자 검사 기술의 출현으로 과거에는 존재하지 않았던 결정에 수반되는 부담이 생겨난 것은 분명하다. 예비 부모는 산전 유전자 검사를 받을지 여부와 그 결과에 따라 어떤 행동을 취할지 여부를 자유롭게 선택할 수 있다. 그러나 새로운 기술이 만들어낸 선택의 부담 자체를 피해갈 도리는 없다. 통제를 위한 새로운 관행들에 수반되는 도덕적 책임도 피할 수 없다. 이는 보다 큰 틀의 영역에 해당하는 것이다.

프로메테우스적 충동에는 전염성이 있다. 스포츠에서와 마찬가지로 양육에서도 그 충동은 선물로 주어진 인간의 능력이라는 영역을 흔들고 잠식한다. 운동능력 강화 약물의 사용이 일상화되면 강화제를 복용하지 않은 선수들은 '발가벗고 경기한다'는 기분을 느끼게 된다. 예비 부모가 자녀의 유전자를 선별하는 것이 일상적인 일이 되면 그것을 피하는 부모들은 '계기판만 보고 하는 맹목 비행flying blind'처럼 여겨지고, 그 부모에게는 아이가 갖고 태어난 유전적 결함에 대한 책임을 묻게 될 것이다.

역설적으로, 자기 자신과 자녀의 운명에 대한 책임성이 증폭되면 자신보다 불운한 사람들과의 연대감이 줄어들 수 있다. 자신의 운명에 본질적으로 우연성이 내재한다는 사실을 분명히 인식할수록 자신의 운명을 타인들과 공유할 이유는 많아진다. 보험을 예로 들어보자. 사람들은 자신이 언제 이런저런 질병에 걸릴지 모르기 때문에 건강보험이나 생명보험에 가입하여 리스크를 공동 부담한다. 장기적으로 보면 결국 병에 걸리지 않은 건강한 사람들의 돈으로 건강하지 않은 사람들을 지원해주고, 건강하게 오래 사는 사람들의 돈으로 평균수명보다 일찍 죽는 사람들의 가족을 도와주게 되는 것이다. 결과적으로 비록 당사자들이 의도하지는 않았지만, 상호의존 관계가 수립된다. 보험이라는 장치 속에서, 사람들은 일부러 상호 간 의무를 의식하지 않더라도 자신의 리스크와 자원을 공동 부담하면서 서로 운명을 공유한다.

하지만 보험 시장은 사람들이 질병이나 사고와 관련된 위험 요인을 모르거나 통제할 수 없을 때에만 연대성이 드러나는 공간이다. 유전자 검사 기술이 발전하여 각 개인의 병력과 기대수명을 신뢰할 만한

완벽에
대 한
반 론

수준으로 예측할 수 있게 된다고 가정해보자. 건강하게 오래 살 수 있다고 확신하는 사람은 보험에 가입하려 하지 않을 것이고, 건강하지 못할 운명을 지닌 사람이 부담하는 보험료는 엄청나게 치솟을 것이다. 좋은 유전자를 가진 사람들이 나쁜 유전자를 가진 사람들이 속한 보험회사에서 탈퇴하기 시작하면서 보험의 연대성 측면이 사라지게 될 것이다.

보험회사가 유전자 데이터를 활용해서 고객들의 위험 요인을 평가하고 보험료를 책정할 것이라는 우려 때문에, 최근 미국 상원에서는 건강보험에서 유전적 차별을 금지하기 위한 법안을 표결했다.[3] 그러나 그보다 더 큰 위험은, 유전적 강화가 일상적인 일이 되면 사회적 연대에 필요한 도덕적 정서를 조성하기가 더욱 어려워질 것이라는 데 있다.

그렇다면 건강과 행복을 누리는 사회 구성원들이 그런 혜택을 받지 못한 구성원들에게 갚아야 할 빚이라도 있는 것일까? 이에 대한 답은 '삶이 주어진 선물이라는 관점'에 크게 기대고 있다. 건강과 행복을 누리는 사람들이 갖고 있는 자연적인 재능은 전적으로 그들 자신의 행동의 결과라기보다는 좋은 운 때문이다. 다시 말해 유전적 제비뽑기의 결과다.[4] 우리가 가진 유전적 재능이 우리의 권리를 주장할 수 있는 성취물이 아니라 주어진 선물이라면, 그 재능으로 시장경제에서 거둬들인 수확물을 전부 소유할 권리가 우리에게 있다고 가정하는 것은 착각이요, 자만일 것이다. 따라서 우리에게는 자신의 잘못이 아님에도 상대적으로 주어진 재능을 덜 갖고 태어난 사람들과 그 수확물을 공유할 의무가 있다.

이 지점에서 선물로 주어진 삶과 연대성 사이의 연결고리가 생긴다. 선물로 주어진 재능의 우연성을 명확히 인식하면, 즉 성공이 전적으로 자신의 행동의 결과만은 아니라는 점을 인식하면 능력주의 사회가 거만한 가정에 빠지는 것을 막을 수 있다. 성공은 능력과 미덕을 가진 자만이 쓸 수 있는 왕관이며, 부자들이 부자인 것은 가난한 이들보다 그런 부를 누릴 자격이 더 있기 때문이라는 가정 말이다.

만일 우리가 유전공학으로 인해 유전적 제비뽑기의 결과를 무시하고 운 대신 선택에만 중점을 두게 되면, 인간의 능력이 주어진 선물이라는 개념은 점차 설 자리를 잃을 것이다. 또한 우리 자신을 공동의 운명을 공유하는 존재로 여기는 관점도 사라질 것이다. 성공하는 사람들은 순전히 스스로 능력을 성취했고 따라서 성공의 원인이 자신에게만 있다고 생각하는 태도가 더욱 강해질 것이다. 사회 밑바닥의 사람들은 불리한 조건을 갖고 있으므로 보상을 받을 필요가 있다고 여겨지는 대신에, 단순히 부적격한 존재로 여겨지고, 따라서 우생학적 교정이 필요한 존재로 인식될 것이다. 타고난 재능의 우연성을 인정

완벽에
대 한
반 론

하지 않는 능력주의가 더욱 심해져 관대함도 줄어들 것이다. 유전학적 지식이 완벽해질수록 보험 시장에서 드러나는 연대성이 사라지듯이, 완벽한 유전적 통제가 가능해지면 자신의 재능과 운이 갖는 우연성을 진지하게 숙고할 때 발현되는 실제적 연대성도 사라질 것이다.

반론에 대한 반론

강화에 대한 나의 반대론에는 적어도 두 가지 반론이 제기될 수 있다. 첫째는 나의 논지가 지나치게 종교적이라는 비판이고, 둘째는 나의 논리가 결과주의 관점에서 설득력이 떨어진다는 비판이다.

첫 번째 반론을 제기하는 이들은 '선물로 주어진 삶'이라는 개념이 그 선물을 준 주체를 전제로 한다고 말한다. 만일 그것이 사실이라면 유전공학 및 강화에 대한 나의 반대론은 불가피하게 종교적인 관점에 머무를 수밖에 없다.[5] 하지만 삶을 주어진 선물로 인식하는 관점은 종교적 근거뿐 아니라 세속적(비종교적) 근거에서도 나올 수 있다는 것이 나의 생각이다. 어떤 이들은 삶이라는 선물은 신이 주는 것이며 삶에 대한 경외감을 갖는 것은 신에 대한 감사함의 다른 표현이라고 믿지만, 꼭 그런 믿음을 가져야만 생명과 삶을 선물로 인정하고 그에 대해 경외감을 가질 수 있는 것은 아니다. 우리는 운동선수나 음악가가 흔히 선물로 받은 재능에 대해 말할 때 그런 재능을 신에게서 받은 것인지 아닌지 여부를 가정하지 않는다. 이때 우리는 그 재능이 전적으로 운동선수 또는 음악가 자신만의 힘으로 얻어진 것은 아니라고, 온전히 그 자신의 행동의 결과물은 아니라고 생각하는 것이다. 본인이 그런 재능을 지닌 것에 대해 감사하는 대상이 자연이든 행운이든 또는 신이든, 그 재능은 그의 통제권을 벗어나 주어진 것이다.

마찬가지로, 흔히 사람들은 반드시 엄밀한 형이상학적 관점을 취하지 않고도 생명이나 자연의 신성함에 대해 말한다. 예를 들어 어떤 이들은 고대인들과 같은 시각으로 자연이 신비로운 힘을 지니기 때문에 신성하다고, 자연에 내재적인 의미가 각인돼 있다고, 또는 자연이 어떤 신성한 목적에 의해 움직인다고 생각한다. 유대교 및 기독교 전통에서는 자연의 신성함이 우주가 신의 창조물이라는 데서 기원한다고 본다. 또 어떤 이들은 자연이 그저 우리 마음대로 주무르면서 원하는 목적대로 사용할 수 있는 대상물이 아니라는 의미에서 신성한 것이라고 생각한다.

신성함에 대한 이런 다양한 관점들의 공통점은 자연과 그 안에 살고 있는 생명체를 단순한 도구 이상으로 존중한다는 사실이다. 자연을 단순한 도구로 여기는 것은 경외와 존중이 결핍된 행동이다. 하지만 이런 도덕적 요구가 반드시 종교적인 또는 형이상학적인 배경에 근거를 둬야 하는 것은 아니다.

신성함과 선물에 대한 비신학적인 개념은 결국 스스로는 그 타당성을 확보하기 힘들기 때문에 형이상학적 가정들(즉 비신학적 개념이 인정하지 않는 가정들)을 빌려와 거기에 의존할 수밖에 없다고 반박하는 사람이 있을지 모른다. 그것은 여기서 당장 해결하기는 어려운 문제다.[6] 하지만 로크에서 칸트, 하버마스에 이르는 자유주의 사상가들이 자유는 우리의 통제를 벗어난 관점이나 기원에 의존한다는 견해를 받아들였다는 점은 주목할 가치가 있다.

로크의 경우, 양도할 수 없는 권리인 생명과 자유는 우리가 (자살을 하거나 자신을 노예로 파는 일처럼) 마음대로 포기할 수 없는 것이라고 했다. 칸트는 우리가 도덕법칙을 만든 주체이기는 하지만, 타인을 부당하게 이용하거나 단순한 대상물로 취급해서는 안 되는 것과 마찬가지로 자기 자신 역시 부당하게 이용하거나 스스로를 대상물로 취급할 자유가 없다고 말했다. 그리고 앞서 살펴보았듯 하버마스의 경우, 평등한 도덕적 존재로서 우리가 갖는 자유는 인간의 조작이나 통제를 뛰어넘은 우리의 기원에서 비롯된다고 본다. 우리는 반드시 인간 생명의 신성함에 대한 종교적인 개념들을 끌어오지 않고도 이러한 양도할 수 없는 불가침의 권리들을 이해할 수 있다. 마찬가지로 선물의 근원을 신에게서 찾든 그렇지 않든 상관없이, 우리는 선물로 주어진 삶이라는 개념을 이해할 수 있고 그 도덕적 무게를 느낄 수 있다.

이제 두 번째 반론을 살펴보자. 이 반론에서는 강화에 대한 나의 반대론을 좁은 의미의 결과주의라고 해석하면서 미흡한 점이 있다고 지적한다. 그들의 논지는 다음과 같이 전개된다. 생명공학이 겸손·책임·연대에 미칠 수 있는 영향을 지적하는 논리는 그런 미덕을 중요하게 여기는 사람한테만 설득력을 지닌다. 하지만 자녀나 자기 자신의 경쟁우위를 확보하는 것에 더 중점을 두는 사람들은 유전적 강화로 얻어지는 이로움이 그것이 사회제도와 도덕적 정서에 미치는 악영향보다 더 크다고 생각할 것이다. 게다가 정복을 향한 욕구가 나쁘다는 것을 인정한다 해도, 그런 욕구를 갖고 행동하는 개인이 그 욕구를 상쇄하는 도덕적 선을 달성할 수도 있지 않겠는가? 가령, 암의 치료법을 찾는 것처럼 말이다. 따라서 정복 욕구의 '나쁜 면'이 그것이 성취할 수 있는 선보다 반드시 더 크다고 가정할 필요가 과연 있는가?[7]

이런 반론에 대한 나의 답은 이렇다. 나는 강화에 대한 반대론의 근거를 결과주의 관점에 둘 의도가 없다. 적어도 통상적인 의미의 결과주의에는 기초하지 않고 있다. 나는 단지 유전공학으로 인해 치러야 할 사회적 비용이 그 이로움보다 더 크기 때문에 유전공학에 반대하는 것이 아니다. 또 자녀나 자기 자신을 유전적으로 개선하는 사람들이 반드시 정복 욕구에 의해 움직인다고 주장하는 것도 아니다. 그런 동기가 죄악이고 그런 죄악을 상쇄할 만한 더 좋은 결과는 없다고 말하려는 것도 아니다.

내가 말하고 싶은 것은, 강화를 둘러싼 논란에 내재한 도덕적 의미는 자율성이나 권리 같은 익숙한 개념만으로, 또 비용과 이익의 계산만으로 충분히 설명할 수 없다는 것이다. 강화에 대한 나의 우려는 그것이 개인적 악덕이냐 아니냐의 문제가 아니라, 마음의 습관과 존재 방식에 결부되는 문제라는 데 있다.[8]

강화 논란에 앞서 우리가 주목해야 할 보다 중요한 두 가지 도덕적 측면이 있다. 하나는 여러 중요한 사회적 관행에서 구현되는 인간적 선善의 운명과 관련된다. 다시 말해, 자녀 양육의 경우 무조건적인 사랑이라는 규범과 선택하지 않은 것을 열린 마음으로 받아들이는 태도, 운동선수와 예술가의 활동에서 드러나는 타고난 자연적 재능과 능력에 찬사를 보내는 것, 특권과 좋은 운을 가진 것에 대한 겸손, 좋은 운명으로 얻은 결과를 사회적 연대라는 틀을 통해 기꺼이 공유하는 태도 등이 그것이다.

다른 하나는 우리가 살고 있는 이 세계에 대한 태도와 우리가 추구해야 할 자유의 종류와 관련된다. 경쟁사회에서 성공하기 위해 우리 자신과 자녀를 유전적으로 설계하는 것은 자유를 행사하는 행동이라고 생각하기 쉽다. 그러나 우리의 본성에 맞게 세상을 변화시키는 대신 세상에 맞추기 위해 우리의 본성을 바꾸는 것이야말로 사실 우리의 힘과 자율권을 잃어버리는 행동이다. 그렇게 되면 우리는 세상에 대해 비판적으로 숙고하기 힘들어지며, 정치적·사회적 개선을 향한 충동도 무뎌진다. 우리는 새로운 유전학적 힘을 이용해 "인간성이라는 뒤틀린 목재"[9]를 똑바로 펴려고 하기보다는, 불완전한 인간 존재가 지닌 재능과 한계를 관대하게 받아들이는 사회적·정치적 제도를 만들기 위해 노력해야 한다.

정복을 위한 프로젝트

　1960년대 말 캘리포니아 공과대학의 분자생물학자 로버트 신셰이머Robert L. Sinsheimer는 앞으로 다가올 시대에 대한 전망을 내놓았다. 그는 「설계를 통한 유전자 변화에 대한 전망The Prospect of Designed Genetic Change」이라는 제목의 글에서 선택의 자유로 인해 새로운 유전학의 정당성이 입증될 것이며, 그것은 신뢰를 잃은 과거의 우생학과 다르다는 점이 드러날 것이라고 주장했다. "과거 골턴과 그 계승자들이 지지한 우생학을 실행하려면 수세대에 걸쳐 오랜 시간 대규모 사회 프로그램을

완벽에
대 한
반 론

시행해야 했을 것이다. 그런 프로그램은 사회 구성원 대다수의 동의와 협력 없이는 시작할 수 없을 뿐 아니라, 지속적인 사회적 통제가 필요하다. 하지만 오늘날의 새로운 우생학은 적어도 원칙적으로는 한 세대에 속한 개개인의 차원에서 실행할 수 있으며 따라서 기존의 제약들로부터 자유롭다."[10]

신셰이머에 따르면, 새로운 우생학은 강제성이 아니라 자발성을 특징으로 하며 과거 우생학보다 더 인간적일 것으로 전망된다. 또 부적격자를 분리 차별하고 제거하는 대신 개선할 것이다. "과거의 우생학에서는 유전적 적격자를 번식시키고 부적격자를 도태시키기 위한 지속적인 선별 작업이 필요했다. 새로운 우생학은 모든 부적격자가 우수한 유전적 수준을 갖도록 개조시키는 것을 원칙적으로 가능케 할 것이다."[11]

유전공학에 대한 신셰이머의 찬사는 당대의 의기양양한 프로메테우스적 자기 이미지를 반영했다. 그는 "인간의 운명에 커다란 영향을 미치는 유전적 제비뽑기에서 불운을 마주한 낙오자들"을 구해낼 수 있다는 희망을 피력했다. 그런 낙오자 범주에는 선천적으로 유전적 결함을 갖고 태어난 사람들뿐만 아니라 "IQ 90 이하인 '평범한' 미국인 5000만 명"도 포함된다. 하지만 그는 유전공학 기술에 "자연이 오랜 세월 무심하게 던져온 주사위"의 결과를 개선하는 것보다 더 중요한 의미가 담겨 있다고 생각했다. 유전적 개입을 위한 새로운 기술에는 우주에서 인간이 점하는 위치가 새로운 수준으로 격상될 수 있는 가능성이 내포돼 있다는 것이다. "인간의 자유를 확대함에 따라 인간이 갖고 있던 제약이 줄어들고 그저 주어진 것으로 받아들여야 하는 것들도 줄어든다." 코페르니쿠스와 다윈은 "우주의 중심에서 밝은 영광을 누리던 인간의 지위를 떨어뜨렸"지만, 이제 새로운 생물학이 인간의 중심적 역할을 회복시킬 것이다. 새로운 유전학적 지식을 가진 인간은 이제 진화의 사슬에서 하나의 연결고리 이상의 역할을 하게 될 것이다. "우리는 진화에서 완전히 새로운 정점으로 향하는 변화의 주체가 될 수 있다. 이것은 우주적인 사건이다."[12]

주어진 것에 제한받지 않는 인간의 자유에 대한 이런 관점에는 사람들을 유혹하고 심지어 도취시키는 측면이 있다. 또 어쩌면 게놈 시대가 도래하는 데 그런 관점의 매력이 어느 정도 역할을 했을지도 모른다. 현재 우리가 갖게 된 유전학적 강화 능력이 생의학의 발전에 따라 의도치 않게 우연히 생겨난 부산물이라고 말하는 이들이 종종 있다. 다시 말해, 질병을 치료하기 위해 유전학적 혁명이 일어났는데, 그 기술이 우리의 능력과 성과를 강화하고, 자녀를 설계하고, 인간 본성을 완벽하게 만들 수 있는 가능성으로 우리를 유혹한 것이라는 얘기다.

완벽에
대 한
반 론

하지만 그것은 거꾸로 된 관점일지 모른다. 세상 위에 군림하며 인간 본성의 지배자가 되려는 의지의 궁극적인 표출물로서 유전공학을 보는 것 역시 가능하다. 그러나 제한받지 않는 인간의 자유라는 관점에는 결함이 있다. 삶을 선물로 인정하는 태도를 사라지게 할 뿐 아니라, 우리 자신의 의지 바깥에 있는 그 어떤 것도 받아들이거나 긍정하지 않는 태도를 양산할 위험이 있기 때문이다.

The Case against
PERFECTIO

배아 윤리학:
줄기세포 논쟁

지금까지 나는 유전적 강화에 대한 반대론을 펴면서 정복의 태도가 경외의 태도를 누르고 일방적인 승리를 거둬서는 안 된다고 주장했다. 또한 생명과 삶을 주어진 선물로 보는 인식을 되찾아야 한다고 촉구했다. 그리고 치료와 강화 사이에는 차이가 존재한다는 것에 대해서도 말했다. 의학은 분명 자연에 개입하는 방식이지만, 인간의 정상적인 신체 기능을 복원하는 목표라는 제약을 받기 때문에 방종한 오만이나 지배 욕구를 상징하지 않는다.

이 세계가 완전하지 않기 때문에 인간의 지속적인 개입과 수정이 필요하고 그런 맥락에서 치료의 필요성도 생겨난다. 자연적으로 주어진 모든 것이 다 좋은 것은 아니다. 천연두와 말라리아는 선물이 아니라 박멸해야 할 대상이다. 당뇨병과 파킨슨병, 근위축성측색경화증ALS(일명 루게릭병), 척수 손상 등도 마찬가지다. 이런 질병으로 고통받는 사람들에게 희망을 주는 새로운 통로 하나가 바로 줄기세포 연구다. 머지않은 미래에 과학자들은 초기 배아에서 줄기세포를 추출 및 배양하여 각종 퇴행성 질환을 연구하고 치료법을 개발해낼 수 있을지도 모른다.

비판론자들은 줄기세포를 추출하는 것이 배아를 파괴하는 행동이라고 반대한다. 그들은 생명이 주어진 선물이라면 초기 단계의 인간 생명을 파괴하는 연구는 당연히 허용해선 안 된다고 말한다. 이번 장에서 나는 배아 줄기세포 연구에 대한 찬성론을 펼치고, 생명을 선물로 보는 윤리가 줄기세포 연구를 그릇된 것으로 보지 않는다는 사실을 설명할 것이다.

줄기세포 연구에 뒤따르는 문제들

2006년 여름, 임기 6년째를 맞은 조지 W. 부시 대통령은 임기 중 처음으로 거부권을 행사했다. 그가 거부권을 행사한 법안은 세금이나 테러리즘, 또는 이라크 전쟁처럼 워싱턴 정가에 흔히 등장하는 이슈가 아니라 줄기세포 연구라는 다소 난해한 이슈와 관련된 것이었다. 당뇨병이나 파킨슨병, 여타 퇴행성 질환들의 치료법 개발이 촉진되기

완벽에
대 한
반 론

를 바라는 희망으로, 미 의회는 새로운 배아 줄기세포 연구에 재정을 지원하는 법안을 통과시킨 상태였다. 배아 줄기세포는 배아의 발생 과정에서 추출한 세포로 신체 모든 조직의 세포로 분화할 수 있다. 그러나 부시 대통령은 이 법안에 동의하지 않았다. 줄기세포를 추출하는 것이 6~8일 된 착상 전 단계의 배아인 포배blastocyst를 파괴하는 것이므로 비윤리적인 행위라는 이유에서다. 또 부시 대통령은 연방정부가 "무고한 생명을 빼앗는" 행위를 지지해서는 안 된다고 말했다.[1]

이와 관련해 부시 대통령의 공보 담당 비서가 혼란을 일으킨 것은 이해할 만한 일이었다. 공보 비서는 대통령의 거부권 행사를 설명하면서, 대통령이 배아 줄기세포 연구를 연방정부가 지원해서는 안 되는 "고의적 살인murder으로 여긴다."고 말했다. 이 발언에 대해 언론의 엄청난 비난이 쏟아지자 백악관은 대통령이 배아 파괴를 고의적 살인이라고 생각하는 것은 아니라고 해명하면서 한 발 물러섰다. 공보 비서는 자신의 발언을 철회하면서 "대통령의 입장을 과장해서 표현한 것"에 대해 사과했다.[2]

정확히 어떤 면에서 공보 비서가 대통령의 견해를 과장해 표현한 것인지는 분명치 않다. 만일 배아 줄기세포 연구가 무고한 생명을 고의로 빼앗는 일이라면 그것이 살인과 어떻게 다른지 말하기 어렵다. 당혹스러운 실수를 겪은 공보 비서는 그 둘을 구분해 설명하려는 시도는 하지 않았다. 그리고 그는 윤리적·정치적으로 복잡한 난제를 수반하는 줄기세포 논쟁에 처음 휩쓸린 사람도 아니었다.

줄기세포 연구를 둘러싼 논쟁은 다음과 같은 세 가지 질문을 제기한다. 첫째, 배아 줄기세포 연구를 허용해야 하는가? 둘째, 그 연구 비용을 정부가 지원해야 하는가? 셋째, 연구 허용이나 지원 여부와 관련해, 줄기세포를 불임치료 과정에서 남은 배아에서 추출할 것인지, 아니면 연구 목적으로 만든 복제 배아에서 추출할 것인지가 중요한 문제인가?

첫 번째 질문은 가장 근본적인 질문으로서, 어떤 사람들은 가장 까다로운 문제라고 말한다. 배아 줄기세포 연구에 반대하는 이들의 주요 논거는, 설령 아주 초기 단계라 하더라도, 또 고귀한 목적을 위한 것이라 하더라도 인간의 배아를 파괴하는 것은 도덕적으로 용납할 수 없는 행위라는 것이다. 다른 사람의 목숨을 구하기 위해서 아이를 죽이는 것과 다름없다는 얘기다.

물론 이런 반대론의 타당성은 배아의 도덕적 지위에 따라 달라진다. 이 문제와 관련해 확고한 종교적 신념을 가진 사람들도 있기 때문에, 때로 이것은 이성적 논쟁이나 분석의 대상이 아닌 것처럼 여겨진다. 하지만 그것은 잘못된 생각이다. 도덕적 신념이 종교적 확신에 뿌리를 둔다고 해서 그것에 대해 의문을 제기할 수 없는 것은 아니며 이성

완벽에
대 한
반 론

적 변론이 불가능해지는 것도 아니다.

이번 장의 후반부에서 나는 배아의 지위에 대한 도덕적 추론이 어떻게 진행될 수 있는지 제시할 것이다. 하지만 그에 앞서, 불임치료 과정에서 남은 '여분의' 배아를 사용하는 것과 연구용으로 만든 복제 배아를 사용하는 것 사이에 도덕적 차이가 있는가 하는 문제를 다뤄보겠다. 많은 정치인들은 그 둘이 도덕적으로 다르다고 믿는다.

복제 배아와 여분의 배아

현재 미국에는 아이의 복제를 금지하는 연방법이 없다. 이는 대부분의 사람들이 새로운 생식 수단으로서 복제에 찬성하기 때문이 아니다. 오히려 일반 대중과 대다수 선출직 관리들은 복제에 반대하는 입장이다. 그러나 줄기세포 연구용 배아 복제를 허용하는 문제에 관해 큰 의견 차이가 존재한다. 그리고 연구용 배아 복제에 반대하는 사람들은 영국에서 제정한 것과 같은 생식 복제를 금지하는 별도 법안을 지지하기를 꺼려왔다.[3]

2001년 미국 하원에서는 인간 개체 복제뿐만 아니라 생물의학 연구 목적의 복제까지도 모두 금지하는 내용의 법안을 통과시켰다. 그런데

이 법안이 최종 법률로 제정되지 못한 것은, 줄기세포 연구를 지지하는 상원의원들이 그와 같은 전면적 금지에 찬성하지 않았기 때문이다. 이와 같은 교착 상태의 결과로 현재 미국에는 인간 개체 복제를 금지하는 연방법이 존재하지 않는다.

복제를 둘러싼 논쟁에서는 줄기세포 연구에서 복제 배아를 사용하는 것에 반대하는 두 가지 다른 이유가 존재한다. 어떤 이들은 배아도 인격체라는 이유로 반대한다. 그들은 모든 배아 줄기세포 연구가(복제 배아든 자연 배아든) 비도덕적이라고 주장한다. 다른 사람의 질병을 치료하기 위해 인격체를 죽이는 행위나 마찬가지라는 것이다. 생명권을 근거로 이런 입장을 견지하는 대표적 인물은 캔자스 주 상원의원 샘 브라운백Sam Brownback이다. 그의 주장에 따르면, "다른 누군가를 돕기 위해 무고한 인간을 고의로 죽이는 것은 결코 용납될 수 없으므로" 배아 줄기세포 연구는 잘못된 것이다.[4] 배아도 한 인격체라면 거기서 줄기세포를 추출하는 것은 아기 몸에서 장기를 빼내는 것과 도덕적으로 유사하다. 브라운백의 관점에 따르면 "인간의 배아는 (…) 당신이나 나와 똑같은 사람이다. 따라서 미국 법이 모든 국민을 존중하듯이 배아도 똑같이 존중해야 한다."[5]

연구용 복제에 반대하는 또 다른 진영에서는 그렇게 극단적인 주장을 펴지는 않는다. 그들은 배아 줄기세포 연구에 찬성은 하되, 단 불임

완벽에
대 한
반 론

클리닉에서 사용하고 남은 '여분의' 배아를 사용해야 한다는 단서를 붙인다.[6] 그들은 연구 목적으로 인위적으로 배아를 만드는 것에 반대한다. 하지만 체외수정 클리닉에서는 최종적으로 착상되는 것보다 훨씬 많은 수의 수정란을 만들기 때문에, 이 남은 배아를 연구용으로 사용하면 아무런 문제가 없다는 것이다. 남은 배아들이 어차피 폐기될 것이라면, (제공자의 동의하에) 그것을 사람의 생명을 구할 수도 있는 연구에 사용하면 되지 않겠냐는 것이다.

줄기세포 논란에서 원칙에 입각한 타협점을 찾는 정치인들에게 이와 같은 입장은 상당히 호소력 있게 다가온다. 남은 배아를 사용하는 것만 허용하므로, 연구용 배아를 만드는 것에 대한 도덕적 꺼림칙함을 해결해주는 듯이 보인다. 이런 입장을 옹호한 인물은 상원의 유일한 의사 출신 의원이자 다수당 대표인 테네시 주의 빌 프리스트[Bill Frist]와 매사추세츠 주지사 미트 롬니[Mitt Romney]였다(매사추세츠 주 의회에서는 해당 법안이 채택되지 못했다). 두 사람 모두 생식을 위해 만들었다가 남은 배아를 활용한 줄기세포 연구에는 찬성했지만 연구용으로 만든 배아의 이용에는 반대했다.[7] 2006년 의회에서 통과한(그리고 부시 대통령이 거부한) 줄기세포 연구 지원 법안 역시 이런 구분을 명확히 했다. 불임치료 과정에서 남은 배아를 이용한 줄기세포 연구에만 재정을 지원한다는 내용이었다.

이런 구분은 정치적 타협점으로서의 매력을 뛰어넘어 도덕적으로도 변론 가능한 것처럼 보인다. 그러나 자세히 들여다보면 그렇지 않다. 그 구분이 설득력을 잃는 이유는 "애초에 '여분의' 배아를 만들어야 하는가"라는 질문이 해결되지 않은 채로 남아 있기 때문이다. 그 구분이 설득력이 없는 이유를 이해하기 위해, 생식과 줄기세포 연구라는 두 가지 목적으로 난자와 정자를 기부 받는 불임클리닉을 상상해보자. 복제는 하지 않는다. 이 클리닉에서는 두 그룹의 배아를 만든다. 하나는 체외수정을 목적으로 기부 받은 난자와 정자로 만든 배아들, 그리고 또 하나는 줄기세포 연구의 발전을 희망하는 사람들이 기부한 난자와 정자로 만든 배아들이다.

윤리적인 과학자라면 줄기세포 연구를 위해 어느 그룹의 배아를 사용해야 하는가? 프리스트와 롬니의 의견에 동의하는 이들은 자기모순적인 입장에 놓이게 된다. 그들은 첫 번째 그룹에서 남은 배아의 사용은 허용하지만(생식 목적으로 만들어졌으며 그 목적에 쓰지 않으면 버려질 것이므로) 두 번째 그룹의 배아를 사용하는 것은 반대할 것이다(연구를 위해 고의로 만든 것이므로). 실제로 프리스트와 롬니는 체외수정 클리닉에서 연구를 목적으로 배아를 만드는 것을 금지하려고 노력했다.

이 자기모순적인 시나리오는 위에서 설명한 타협적인 입장에 내재한 결함을 드러낸다. 줄기세포 연구용 배아의 생산에 반대하면서 불

완벽에
대 한
반 론

임클리닉의 여분의 배아를 이용하는 것에 찬성하는 그들은 체외수정 자체의 도덕성이라는 문제를 다루지 못하고 있다.

끔찍한 질병을 치료하고자 배아를 만들어 희생시키는 것이 비도덕적이라면, 불임치료 과정에서 여분의 배아를 만들어 폐기하는 것에는 어째서 반대하지 않는가? 또는 다른 관점에서 보자면, 불임클리닉에서 배아를 만들고 희생시키는 것이 도덕적으로 괜찮다면, 줄기세포 연구를 위해 배아를 만들고 희생시키는 것이 괜찮지 않을 이유는 무엇인가? 결국은 두 가지 모두 가치 있는 목적을 위한 일이며, 파킨슨병이나 당뇨병 같은 질병을 치료하는 것은 적어도 불임치료 못지않게 중요한 일이 아니던가?

체외수정 과정에서 배아를 희생시키는 것과 줄기세포 연구에서 배아를 희생시키는 것이 도덕적으로 차이가 있다고 보는 사람들은 다음과 같이 응수할지도 모른다. 다량의 여분 배아를 만드는 불임클리닉 의사는 임신 성공률을 높이기 위해서 그렇게 하는 것이고, 나중에 어느 배아가 버려질지 알지 못하며 따라서 그 어떤 배아의 죽음도 의도하지 않는다. 하지만 줄기세포 연구를 위해 배아를 만드는 과학자는 연구를 진행하려면 배아를 파괴할 수밖에 없으므로 그 배아가 당연히 죽을 것을 알고 있다고 말이다.

정치평론가인 찰스 크라우트해머 Charles Krauthammer는 불임클리닉의 여분의 배아로 줄기세포를 연구하는 것에 찬성하지만, 연구용으로 배아를 만드는 것에는 반대하면서 이렇게 말했다. "연구용 배아 복제를 합법화하는 법안은 본질적으로 (…) 가장 엽기적인 행태를 승인하는 셈이 된다. 그 형태는 오로지 이용하고 파괴하려는 목적만으로 초기 인간 생명체를 만드는 것이다."[8]

이 말은 두 가지 이유에서 설득력이 없다. 첫째, 줄기세포 연구를 위해 배아를 만드는 것이 "이용하고 파괴하려는 목적으로" 생명체를 만드는 것과 마찬가지라는 주장은 사실을 오도하는 것이다. 물론 배아의 파괴는 연구행위의 예견되는 결과지만, 그 목적은 분명히 질병치료에 있다. 불임치료를 위해 배아를 만드는 사람들이 여분 배아를 버리는 것을 목적으로 삼지 않는 것처럼, 연구를 위해 배아를 만드는 과학자도 파괴나 부당한 이용을 목적으로 하지 않는다.[9]

둘째, 불임클리닉의 의사와 환자들이 그들이 만든 배아 중에 어떤 것이 결국 버려질지 미리 알지 못하기는 하지만, 미국에서 시행되는 체외수정 과정에서 수만 개의 여분 배아가 버려지고 있는 것이 엄연한 현실이다. 최근 한 연구에 의하면 미국 내 불임클리닉들에서 사용되지 않고 방치돼 있는 냉동 배아는 약 40만 개에 이르며, 영국은 5만 2000개, 호주는 7만 1000개라고 한다.[10] 만일 이 배아들을 연구용으로 사용한다면 "버려지는 것이 없어지는 것"은 사실이다.[11]

완벽에
대 한
반 론

그러나 애초에 그것들을 만들어야 하는지 여부는 연구용 배아의 생산을 허용해야 하는가의 여부만큼이나 정책적 선택의 문제다. 예를 들어 독일의 연방법에서는 불임클리닉에 대해 규제하고 있는데, 한 번에 착상될 것보다 더 많은 개수의 배아를 만드는 것을 금지한다. 따라서 독일의 불임클리닉에서는 여분의 배아가 생성되지 않는다. 미국 불임클리닉들의 냉동고에서 수많은 배아가 폐기될 운명을 기다리고 있다는 사실은, 절대 바꿀 수 없는 현실이 아니라 선출직 관리들이 원하면 바꿀 수도 있는 정책의 결과물인 것이다. 하지만 지금까지는 연구용 배아 복제를 반대하는 이들이 불임클리닉에서 과도하게 많은 배아를 만들어 폐기하는 것을 금지하자고 요구하는 경우는 거의 없었다.

배아의 도덕적 지위에 대해 누구의 주장이 옳든 간에 한 가지만은 분명하다. 연구용 배아 복제에 반대하는 이들은 두 가지 입장을 동시에 견지할 수 없다. 다시 말해, 불임클리닉에서 과도하게 많은 배아를 생성 및 파괴하는 것과 그런 배아를 연구에 이용하는 것에 찬성하는 동시에, 연구 및 재생의학을 위한 배아 생산이 도덕적으로 잘못됐다고 반대하는 것은 말이 안 된다. 만일 줄기세포 연구를 위해 복제하는 것이 배아가 마땅히 받아야 할 존중을 침해하는 일이라면, 불임클리닉의 여분 배아로 줄기세포를 연구하는 것도 마찬가지로 배아를 존중하지 않는 행위이며 과도한 배아를 만들어 쓰고 버리는 모든 불임치료 과정도 마찬가지다.

브라운백 상원의원처럼 인간 생명체인 배아를 아예 이용해서는 안 된다고 말하는 이들의 주장에 함축된 논지에서 적어도 맞는 부분은 이것이다. 즉 도덕적 측면에서 연구용 복제에 대한 찬성론과 불임클리닉의 잔여 배아를 이용한 연구에 대한 찬성론은 옳으면 둘 다 옳다고 해야 하고, 잘못됐다면 둘 다 잘못됐다고 해야 한다는 것이다. 그렇다면 남은 문제는 '거기에 찬성할 것인가 반대할 것인가'다. 이로써 우리는 '배아 줄기세포 연구를 허용해야 하는가?'라는 근본적인 질문을 마주하게 된다.

배아의 도덕적 지위

배아 줄기세포 연구의 허용을 반대하는 주장은 크게 두 가지다. 하나는 줄기세포 연구가 가치 있는 목적을 추구하기는 하지만 인간 배아의 파괴를 수반하기 때문에 허용해선 안 된다는 것이다. 다른 하나는 배아 연구가 그 자체로 잘못된 것은 아니지만 결국엔 배아 공장이나 복제 아기, 예비 장기 마련을 위한 태아 사용, 인간 생명의 상품화 등 여러 가지 인간성 말살 관행들로 이어지는 '미끄러운 경사길'(어떤 제안이나 조치가 시행될 때 바람직하지 않은 사건들이 연쇄적으로 일어나 방향을 바꾸거나 멈출 수 없는 경사길처럼 미끄러져 내려가게 된다는 것 – 옮긴이)이 될 것이라고 우려하는 입장이다.

미끄러운 경사길 주장은 진지하게 고찰해볼 만한 실제적인 반론이다. 그러나 이 반대론이 제기하는 우려는 배아 연구가 착취와 남용이라는 끔찍한 시나리오로 변질되는 것을 막을 수 있는 적절한 규제 장치들을 도입해 해결할 수 있다. 하지만 첫 번째 반대론은 철학적으로 더 강력하다. 그 논지가 결정적으로 타당한지 여부는 배아의 도덕적 지위에 대한 관점이 옳은가 여부에 달려 있다.

먼저, 줄기세포를 추출해내는 배아가 무엇인지 분명히 해두는 것이 중요하다. 그 배아는 태아가 아니다. 그 배아는 식별 가능한 인간의 특성이나 형태를 갖고 있지 않다. 그것은 여성의 자궁에 착상되어 자라는 배아가 아니다. 그것은 배양 접시에서 자라는 180~200개의 세포 덩어리인 포배로서 육안으로 겨우 식별 가능하다. 포배는 배아 발달의 아주 초기 단계로 그 안의 세포들이 아직 분화되지 않은 상태이기 때문에 신장, 근육, 척수 등 특정한 신체 기관이나 조직의 특성을 갖지 않는다.

따라서 포배에서 추출한 줄기세포는 적절하게 배양만 한다면 과학자가 연구하거나 복원하기를 원하는 그 어떤 종류의 세포로도 발달할 가능성을 갖고 있다. 도덕적·정치적 논란이 발생하는 이유는 줄기세 포를 추출하는 것이 포배를 파괴하는 것이라는 사실 때문이다.

이 논란을 검토하려면, 먼저 배아가 인격체, 즉 완전히 발달한 인간 존재와 도덕적으로 동등하다는 주장을 충분히 살펴볼 필요가 있다. 이런 견해를 갖는 사람들은 포배에서 줄기세포를 추출하는 것이 다른 사람의 생명을 구하기 위해 아기에게서 장기를 빼내는 것과 마찬가지 로 도덕적으로 혐오스러운 일이라고 본다. 어떤 이들은 난자와 정자 가 수정되는 순간부터 영혼이 생겨난다는 종교적 믿음을 근거로 그런 입장을 견지한다. 그런가 하면 종교에 의지하지 않고 다음과 같은 논 지를 펼치는 이들도 있다.

인간은 사물이 아니다. 인간의 생명을 그의 의지에 반해 희생시켜 서는 안 된다. 설령 다른 사람의 목숨을 구하는 것과 같은 훌륭한 목적 을 위해서일지라도 말이다. 인간을 사물로 취급하거나 단순히 목적을 위한 수단으로 이용해서는 안 되는 이유는 인간이 침해할 수 없는 존 엄성을 갖기 때문이다. 칸트의 말을 빌리면, 인간은 그 자체로서 목적 이며 존중할 가치가 있다. 그렇다면 인간은 어느 시점에 그러한 불가 침성을 획득하는가? 인간 생명에 존중받을 만한 가치가 생기는 것은 언제부터인가? 그 답은 특정한 인간의 발달 단계나 나이에 따라 달라

완벽에
대 한
반 론

질 수 없다. 젖먹이 아기도 명백히 침해 불가능한 존엄성을 지닌다. 태아로부터 이식용 장기를 빼내는 것을 지지할 사람은 거의 없을 것이다. 인간은 누구나 배아일 때부터 생명이 시작된다. 인간이라는 사실 자체로 우리의 생명이 존중받을 가치가 있으며 침해당할 수 없는 것이라면, 발달 초기 단계나 아주 어린 나이의 인간을 존중할 필요가 없다고 생각하는 것은 잘못이다. 수정에서 출생까지의 과정 중 하나의 인간 존재로 볼 수 있는 정확한 시점을 규정할 수 없다면, 우리는 배아도 충분히 발달한 인간과 마찬가지로 똑같은 불가침성을 지닌다고 간주해야 옳다.

나는 이 주장이 두 가지 측면에서 설득력이 떨어진다는 점을 설명하고자 한다. 먼저 그 논리에는 결함이 있고, 이런 주장을 옹호하는 이들조차도 받아들이기 힘든 도덕적 의미를 포함하고 있다. 그러나 그런 부분들을 살펴보기에 앞서, 나는 배아의 도덕적 지위가 인간과 동일하다는 주장에서 두 가지 측면의 타당성은 인정한다. 첫째, 그런 주장을 펼치는 진영에서 도덕성에 대한 공리주의적 관점, 즉 인격의 불가침성에 대한 고려를 배제한 채 비용과 이익을 계산하는 관점을 거부한 것은 옳다. 둘째, 적어도 죽은 것이 아니라 살아 있는 상태라는 점에서, 또 가령 소†가 아니라 사람이라는 점에서 포배가 '인간 생명체'라는 것은 부인하지 못하는 사실이다.

하지만 그렇다 해도 이러한 생물학적 사실에서 포배가 하나의 인간, 하나의 인격체라는 결론이 도출되지는 않는다. 소가 아니라 사람이라는 점과 죽지 않고 살아 있는 상태라는 점에서 보면 그 어떤 살아 있는 인간 세포(예컨대 피부 세포)도 '인간 생명체'라고 할 수 있을 것이다. 그러나 피부 세포를 하나의 인간이라고, 또는 불가침의 존재라고 여길 사람은 없다. 포배가 인간, 혹은 인격체라는 주장을 펼치려면 그보다 더 확실한 논거가 필요하다.

| 논변 분석하기 |

배아의 도덕적 지위가 인간과 동등하다는 주장의 출발점은, 모든 인격체가 한때 배아였다는 사실과 수정에서부터 출생 사이의 과정에서 인격체로 보기 시작할 수 있는 확실한 지점이 없다는 사실이다. 이 주장을 펴는 이들은 그런 확실한 지점이 없으므로 포배를 인격체로 간주하고, 충분히 발달한 인간 존재와 도덕적으로 동등하게 간주해야 한다고 말한다. 하지만 이런 주장은 몇 가지 이유에서 설득력이 부족하다.[12]

첫째, 간단하지만 중요하지 않다고 여길 수는 없는 한 가지 사실이 있다. 우리 모두가 한때 배아였던 것은 사실이지만 우리 중 누구도 복

완벽에
대 한
반 론

제 포배였던 적은 없다. 따라서 만일 우리가 처음엔 배아였다는 사실이 배아도 인격체라는 주장을 뒷받침하는 근거가 될 수 있다 할지라도, 난자와 정자의 결합으로 생겨난 배아를 이용한 줄기세포 연구는 비난할 수 있을지언정 복제 배아를 이용한 줄기세포 연구는 비난할 수 없다. 실제로 줄기세포 논쟁에 참여한 사람들 중에는 복제 포배는 엄밀히 말하면 배아가 아니라 생물학적 인공물이라고(즉 접합체 zygote가 아닌 복제체 clonote라고) 주장하는 이들도 있다. 다시 말해 자연적으로 수정된 인간 배아가 지닌 도덕적 지위가 결핍된 인공물이라는 것이다. 그들은 따라서 연구용 복제 배아를 이용하는 것이 자연적 배아를 사용하는 것보다 도덕적으로 덜 꺼림칙하다고 말한다.[13]

둘째, '복제체' 문제를 접어둔다 하더라도 모든 인격체가 처음에 배아였다는 사실이 배아도 하나의 인격체라는 주장을 증명하지 못한다. 한 가지 비유를 들어보겠다. 모든 참나무는 한때 도토리였지만 그렇다고 해서 도토리를 참나무라고 할 수는 없다. 또 앞뜰에서 도토리가 다람쥐한테 먹혀서 없어진 것을 참나무가 폭풍우에 쓰러져 죽은 것과 동일하게 취급할 수는 없다.[14] 도토리와 참나무는 발달 과정상 연속성은 지니지만 엄연히 다르다.

인간 배아와 인간 존재도 마찬가지다. 도토리가 잠재적인 참나무인 것처럼 배아는 잠재적인 인간이다. 현실적 인간과 잠재적 인간의 구분에는 분명 윤리적인 의미가 있다. 유정적sentient(감각과 느낌에 반응하는 능력-옮긴이) 존재는 유정적이지 않은 존재와는 다른 윤리적 요구를 할 수 있다. 경험과 의식 능력이 있는 존재는 더 높은 윤리적 요구를 할 수 있다. 인간 생명은 단계에 따라 서서히 발달한다.

배아의 도덕적 지위가 인간과 동등하다고 주장하는 사람들은 자신과 의견이 다른 이들에게 "인간 발달 과정에서 하나의 인격체로 보기 시작할 수 있는(따라서 불가침성이 획득되는) 확실한 순간을 말해보라." 고 한다. 만일 배아가 인격체가 아니라면, 우리는 정확히 언제부터 인격체라고 볼 수 있는 것인가? 이것은 쉽게 답할 수 있는 질문이 아니다. 많은 이들은 출생 시점을 하나의 인격체인 인간이 되는 순간이라고 말한다. 그러나 여기에는 다음과 같은 반론이 제기될 수 있다. 의학 연구를 위해서 임신 말기 태아를 훼손하는 것은 분명히 잘못된 일이 아닌가? (불가침성 이외에 인격체가 지니는 다른 측면들도 있는데, 예컨대 이름을 갖게 되는 것 등은 문화권이나 전통에 따라 출생 이후 다양한 시점에 나타난다.)

그러나 연속성을 갖는 발달 과정 중 하나의 인격체로 보기 시작할 수 있는 정확한 순간을 규정하기 어렵다고 해서 포배를 인간으로 볼 수 있다는 결론이 나오지는 않는다. 이런 비유를 들어보자. '밀 알갱이 몇 개가 모여야 밀 무더기라고 부를 수 있는가?' 밀 알갱이 한 개나 두

개, 세 개는 분명 아니다. 알갱이 하나를 추가하면 그때부터 무더기라고 부를 수 있는 정확한 시점을 규정하기 힘든 것은 사실이나, 그렇다고 밀 한 알갱이와 밀 무더기의 차이가 없는 것은 아니다. 또 알갱이가 무더기와 동일하다는 결론을 내릴 이유도 존재하지 않는다.

연속체의 특정한 시점을 규정하는 것과 관련된 이러한 난제를 철학자들은 '무더기 역설sorites paradox'이라고 부르는데, 어원은 고대 그리스 시대로 거슬러 올라간다. ('sorites'의 어원은 '무더기'를 뜻하는 그리스어 'soros'다.) 과거 소피스트들은 연속성에 의해 연결된 두 가지 다른 질적 특성이 (직관적으로 혹은 상식적으로 다른 것 같아도) 사실은 동일한 것이라고 청중을 설득하기 위해 이 같은 무더기 역설 논법을 이용했다.[15] 대머리가 대표적인 예다. 머리카락이 딱 한 올뿐인 사람이 대머리라는 것에는 누구나 동의할 것이다. 그렇다면 머리카락이 몇 올인 시점부터 대머리가 아니라고 말할 수 있는가? 이 질문에 확실한 답을 말하기는 힘들지만, 그렇다고 대머리와 대머리 아닌 사람 사이에 차이가 없다는 결론이 도출되는 것은 아니다. 인격체인 인간에 대해서도 마찬가지다. 포배에서부터 착상된 배아, 태아, 그리고 신생아에 이르기까지 발달상 연속성이 존재한다고 해서 포배와 신생아가 도덕적으로 동일하다는 결론이 성립되지는 않는다.

따라서 모든 인간이 배아에서 시작된다는 사실과 발달상의 연속성을 근거로 삼는 논변으로는 포배가 불가침성을 지니며 인격체와 도덕적으로 동등한 지위를 갖는다는 결론을 이끌어낼 수 없다. 그 논리에 내재된 결함을 밝혀내는 것을 뛰어넘어, 또 다른 관점에서도 배아의 도덕적 지위가 인간과 동일하다는 견해에 문제를 제기할 수 있다. 그 견해의 타당성 부족을 알아보는 가장 효과적인 방법은, 그런 주장을 옹호하는 사람들조차도 거기에 담긴 의미를 모두 받아들이기를 주저한다는 사실에 주목하는 것이다.

| 함의 검토하기 |

2001년 부시 대통령은 기존의 줄기세포에 대한 연방정부의 재정 지원을 제한하는 정책을 발표했다. 납세자인 국민들에게서 나온 돈으로 배아 파괴를 지원하거나 장려하지 않도록 하겠다는 것이다. 그리고 2006년 부시 대통령은 "무고한 생명을 빼앗는 행위"를 지지할 수 없다면서, 새로운 배아 줄기세포 연구를 지원한다는 내용의 법안에 거부권을 행사했다. 그런데 대통령의 입장에서 눈에 띄는 특징이 있다. 바로 배아 줄기세포 연구에 대한 재정 지원은 제한하면서 그런 연구를 금지하려는 노력은 하지 않았다는 사실이다. 대통령이 처한 곤경을 감안해 슬로건으로 표현해보자면, 그의 정책은 "재정 지원 불가. 하지만 금지는 안 한다"는 말로 요약할 수 있을 것이다. 하지만 이런 정책은

완벽에
대 한
반 론

배아가 인간과 동일하다는 관점과 잘 들어맞지 않는다.

　포배에서 줄기세포를 추출하는 것이 아기의 장기를 빼내는 것과 정말로 동일하다면, 단순히 연방 재정 지원을 거부하는 것이 아니라 그것을 아예 금지하는 것이 도덕적으로 책임감 있는 정책일 것이다. 만일 일부 의사들이 이식용 장기를 얻기 위해 아기를 죽이는 관행을 일삼는다고 가정해보자. 이 경우 유아 살해가 연방정부의 지원을 받는 것은 부적절해도, 민간 부문에서는 계속 허용되어야 한다고 주장할 사람은 아무도 없을 것이다. 사실 배아 줄기세포 연구가 유아 살해와 마찬가지라고 확신한다면, 그런 연구를 금지할 뿐만 아니라 끔찍한 살인 행위로 간주해 줄기세포 연구자들이 형사처벌을 받게 해야 할 것이다.

　어떤 이들은 부시 대통령의 정책을 옹호하면서 어차피 의회가 배아 줄기세포 연구를 전면적으로 금지하는 법을 제정할 가능성이 낮다고 말할지 모른다. 하지만 그렇다고 해도 만일 대통령이 정말로 배아를 인간으로 여긴다면 어째서 적어도 그런 연구의 금지를 촉구하지 않았는지, 또는 과학자들에게 배아 파괴가 동반되는 줄기세포 연구를 중단하라고 요청하지 않았는지, 그 이유는 설명되지 않는다. 오히려 부시 대통령은 자신의 "균형 잡힌 접근법"이 지닌 미덕을 강조하면서 "배아 줄기세포 연구가 금지되는 것은 아니"라는 사실을 언급했다.[16]

대통령의 '재정 지원 불가. 하지만 금지는 안 한다'는 입장의 도덕적 기이함을 감안하면 그의 공보 비서가 저지른 실수는 충분히 이해할 만하다. 대통령이 배아 파괴를 "고의적 살인으로 생각한다"는 공보 비서의 발언은 배아가 인간이라는 관점의 당연한 도덕적 논리를 따른 것에 불과하다. 그런데 그것이 실수가 되어버린 이유는 부시의 정책이 그 도덕적 논리에 수반되는 함의에 부합하지 않았기 때문이다.

배아의 도덕적 지위가 인간과 동등하다고 여기는 사람들은, 자기 견해에 부합하는 행동을 실제로 내보이기를 꺼리는(예컨대 배아 줄기세포 연구를 금지하지 않거나 과도하게 많은 배아를 만들어 쓰고 버리는 불임치료 방식을 금지하지 않는) 정치인들과 자신들은 다르다고 응수할지도 모른다. 늘 원칙을 중시하는 정치인들조차도 때때로 자신이 고수하던 원칙을 양보하곤 한다. 이것은 배아가 인간이라고 믿는 정치인들에게만 해당되는 얘기도 아니다. 그러나 정치는 접어두더라도, 배아의 도덕적 지위가 인간과 동등하다는 입장을 원칙적으로 옹호하는 이들은 자신의 견해에 내포된 의미를 지지하기가 몹시 어려울 것이다.

다음과 같은 상황을 가정해보자(내가 알기로 이런 가정을 처음 제시한 사람은 생명윤리학자인 조지 애너스George Annas다).[17] 한 불임클리닉에서 화재가 발생했다. 당신에게는 다섯 살짜리 여자아이 또는 냉동 배아 20개가 담긴 접시, 이 둘 중에 한쪽만 구할 수 있는 시간이 있다. 이때

완벽에
대 한
반 론

여자아이를 구한다면 잘못일까? 나는 배아가 인간과 도덕적으로 동등하다는 입장의 옹호자들 중에 배아 20개를 구하겠다고 자신 있게 말하는 사람을 아직까지 본 적이 없다. 하지만 그 배아들을 진정 인간이라고 믿는다면, 그리고 다른 모든 상황이 동일하다면(즉 구조자가 여자아이와 배아 양쪽 모두와 아무런 개인적인 관계가 없다면), 배아를 포기하고 여자아이를 구하는 것을 어떤 근거로 정당화할 수 있을 것인가?

또는 좀 더 현실에 가까운 사례를 생각해보자. 최근에 나는 배아가 아기와 도덕적으로 동등한 존재라고 생각하는 사람과 함께 줄기세포를 주제로 한 토론에 참석했다. 얼마간의 토론이 진행된 후 청중석의 한 사람이 자신의 개인적인 경험담을 들려주었다. 그와 아내는 체외수정을 통해 아이 셋의 임신에 성공했고, 더 이상은 아이를 가질 생각이 없는데 배아 3개가 남았다고 했다. 그는 이 남은 배아 3개를 어떻게 하면 좋겠느냐고 물었다.

생명권 옹호론자인 나의 토론 상대자는 남은 배아들을 줄기세포 연구에 사용하도록 (그래서 파괴하도록) 하는 것은 잘못이라고 대답했다. 그 배아들을 입양할 사람이 없다면 그것들이 존엄성을 지키면서 죽게 내버려두는 것이 유일한 최선이라고 했다. 배아가 아기와 동등하다는 전제하에 나온 대답이므로 나는 그의 말에 이의를 제기할 수 없었다. 가령 부당하게 사형선고를 받은 죄수가 있다고 치자. 이때 우리가 "안 좋은 상황을 최대한 이용하는 게 나으므로 다른 사람에게 이식할 용도로 죄수의 장기를 적출해야 한다."라고 말하는 것은 옳지 않을 것이다.

내가 그의 대답을 듣고 의아했던 것은 연구 목적의 배아 사용에 반대한다는 점 때문이 아니라 자신의 견해가 가진 의미를 명료하게 설명하지 않는 태도 때문이었다. 만일 정말로 그 배아들이 어린 아기와 동등하다면, 그는 질문자에게 다음과 같은 정직한 답변을 주었어야 옳다. 질문자 부부가 배아들을 만들었다가 버리는 행동은 자녀 세 명을 낳은 다음 원치 않는다는 이유로 산중턱에 내다버려 죽게 (또는 추위에 얼어 죽게) 만드는 것과 다를 바가 없는 행동이라고 말이다. 그런데 이런 표현이 도덕적으로 적절하다면(즉 미국 불임클리닉들에 있는 40만 개의 여분 냉동 배아가 산중턱에 버려져 죽어가는 신생아와 마찬가지라면), 어째서 배아 줄기세포 연구의 반대론자들은 그들이 보기에 미국 도처에서 벌어지는 유아 살해라고 여겨질 만한 행동을 중단하라는 캠페인을 벌이지 않는가?

배아를 인격체로 간주하는 이들은 이렇게 대답할지도 모른다. 자신들도 불임클리닉에서 과도하게 많은 배아를 만들어 쓰고 버리는 관행에 찬성하지는 않지만, 현실적으로 그런 관행을 금지할 수 있는 길이 거의 없다고 말이다. 그러나 그들의 입장이 의미하는 바는 불임치료 과정에서 버려지는 배아들에 대한 우려를 넘어선 지점까지 적용된다. 체외수정 옹호론자들은 체외수정 같은 보조 생식술의 배아 손실률이 자연임신의 경우보다 더 낮다는 점을 지적한다. 자연임신에서는 수정란의 절반 이상이 착상되지 못하거나 다른 여타의 이유로 손실된다. 하지만 이 같은 사실은 배아를 인격체로 간주하는 견해와 함께 더 큰 어려움을 부각시킨다. 초기 배아의 죽음이 자연생식에서 매우 흔하게 일어나는 일이라면, 우리는 불임클리닉이나 줄기세포 연구소에서 일어나는 배아 손실에 대해서는 덜 우려해야 할 것이다.[18]

배아를 인격체로 간주하는 사람들은 영아 사망률이 높다고 해서 영아 살해가 정당화될 수는 없다고 응수할 텐데, 그것은 물론 옳은 말이다. 그러나 이 점을 생각해보라. 자연임신에서 손실되는 배아에 대한 일반적인 반응은, 그것을 도덕적 또는 종교적으로 어린아이의 죽음과 동일한 사건으로 여기지 않는다는 점을 시사한다. 초기 인간 생명에 대해 매우 민감하게 염려하는 종교적 전통에서조차 배아가 손실될 경우 아이가 죽었을 때와 똑같은 장례 의식을 거행해야 한다고 명시하지는 않는다.

게다가 만일 자연임신에 동반되는 배아 손실이 도덕적으로 영아의 죽음과 동일하다고 한다면, 임신은 전염병에 맞먹는 대중적인 보건 위기로 간주되어야 할 것이다. 임신 과정에서의 자연적인 배아 손실을 줄이는 것이 낙태와 체외수정, 줄기세포 연구를 모두 합친 것보다 훨씬 더 시급한 도덕적 사안이 될 것이다. 그러나 이런 익숙한 이슈들에 열중하는 이들 중에 자연임신 과정의 배아 손실을 막거나 줄이자는 대대적인 캠페인을 벌이거나 그것을 위한 새로운 기술을 개발해야 한다고 외치는 사람은 거의 없다.

| 존중을 위한 근거 |

나는 지금까지 배아를 인간으로 여기는 입장을 비판했다. 그러나 배아가 단순한 사물에 불과하며 우리가 원하는 어떤 목적으로든 사용해도 된다고 주장하는 것은 아니다. 배아는 불가침의 권리를 지닌 존재는 아니지만 우리 마음대로 사용할 수 있는 대상도 아니다. 배아를 인격체로 간주하는 사람들은, 그에 반하는 유일한 대안은 배아를 도덕적으로 무의미한 존재로 여기는 것이라고 가정하곤 한다. 하지만 배아를 반드시 충분히 발달한 인간 존재와 동격으로 여겨야만 그것을 존중할 수 있는 것은 아니다. 배아를 단순한 사물로 간주한다면 그것이 잠재적인 인간 생명체로서 갖는 의미를 무시하는 것이다. 배아를 타당한 이유 없이 악의적으로 파괴하거나 새로운 화장품 개발을 위해 활용하는 것에 찬성할 사람은 거의 없다. 그러나 인간 배아를 단순한 사물로 취급해서는 안 된다는 생각이 배아가 인격체라는 점을 증명하는 것은 아니다.

인격체라는 사실만이 존중을 위한 정당하고 유일한 근거가 되는 것은 아니다. 만일 어떤 괴짜 갑부가 반 고흐의 작품 〈별이 빛나는 밤Starry Night〉을 구입해서 구두의 흙을 닦는 현관 매트로 사용한다면, 그것은 일종의 모독이며 작품에 주어져야 마땅한 존중을 외면하는 고약한 처사일 것이다. 우리가 그 그림을 인격체로 생각하기 때문이 아니라, 그것이 아무렇게나 사용되기보다는 높은 평가를 받을 가치가 있는 훌륭한 예술 작품이기 때문이다. 또 어느 경솔한 여행자가 오래된 세쿼이아 나무에 자신의 이름 머리글자를 새긴다면, 우리는 그것을 고목을 귀중하게 여기지 않는 몰지각한 행동이라고 비판한다. 세쿼이아가 인격체인 사람이라서가 아니라 가치를 인정하고 경외할 만한 아름다운 자연물이기 때문이다. 오래된 숲을 존중하는 것은 그 어떤 나무도 인간적인 목적을 위해 베어서는 안 된다는 것을 의미하지 않는다. 숲을 존중하는 것은 그것을 사용하는 것과 양립할 수 있다. 그러나 그 사용 목적이 가치 있고 중요한 것이어야 하며 숲의 아름다운 본성에 어울리는 것이어야 한다.

배아가 인격체라는 확신은 특정한 종교적 신념뿐만 아니라 칸트적인 가정에서도 그 근거를 찾을 수 있다. 도덕적 세계가 이분법적 방식으로 구별된다는 가정인데, 모든 것은 존중받을 가치가 있는 인격체이거나 혹은 마음대로 이용할 수 있는 사물로 구분된다는 것이다. 그러나 고흐의 작품과 세쿼이아의 예가 보여주듯, 그러한 이원론은 도를 지나친 관점이다.

현대기술과 상업의 도구화 경향에 맞서 싸우는 길은 인간 존중에 관한 이분법적 윤리를 고집하여 인간 이외의 모든 것에 공리주의적 계산을 적용하는 것이 아니다. 그런 윤리는 모든 도덕적 문제를 인격체를 구분하는 경계선을 둘러싼 싸움으로 만들어버릴 위험이 있다. 우리는 생명과 삶을 선물로 보는 인식을 더욱 확장할 필요가 있다. 그러한 인식이야말로 세계에 대한 경외감을 불러일으키고 우리의 방종한 사용을 제한하는 힘을 갖고 있다. 맞춤 아기를 설계하기 위한 유전공학은 선물로 주어진 삶에 대한 경외를 잃게 만드는 오만함의 궁극적 표현물이다. 그러나 고통스러운 질병을 치료하기 위해서 착상되지 않은 배아로 줄기세포를 연구하는 것은, 치료를 증진하고 주어진 이 세계를 복구하기 위한 우리의 역할을 다하기 위해 인간의 독창적 능력을 고귀하게 사용하는 일이다.

미끄러운 경사길 오류, 배아 공장, 난자와 수정란의 상품화를 경고하는 이들의 우려는 타당하다. 그러나 배아 연구가 필연적으로 그런 위험들을 초래할 것이라고 가정하는 것은 옳지 않다. 배아 줄기세포 연구와 연구용 복제를 무조건 금지할 것이 아니라, 초기 인간 생명의

완벽에
대 한
반 론

신비로움을 지키기 위한 적절한 도덕적 규제들을 마련한 가운데 그러한 연구를 허용해야 한다.

그런 규제책으로는 인간 개체 복제 금지, 연구실에서의 배아 배양 시간에 대한 합당한 제한, 불임클리닉 영업의 의무요건 강화, 난자와 정자의 상품화 제한, 특정 주체들이 줄기세포 라인을 독점하는 것을 막기 위한 줄기세포 은행 등을 들 수 있다. 이러한 접근법을 취할 때에야 비로소 초기 단계의 인간 생명을 악의적으로 이용하는 행태를 막을 수 있으며, 생의학의 발전이 인간적 감수성을 침식하는 것이 아니라 인류의 건강을 증진시키는 축복이 될 수 있을 것이다.

주

1장. 강화의 윤리학

1. Margarette Driscoll, "Why We Chose Deafness for Our Children," *Sunday Times*(London), April 14, 2002. 또한 다음을 참조하라. Liza Mundy, "A World of Their Own," *Washington Post*, March 31, 2002, p.W22.

2. Driscoll, "Why We Chose Deafness."

3. Gina Kolata, "$50,000 Offered to Tall, Smart Egg Donor," *New York Times*, March 3, 1999, p.A10을 참조하라.

4. Alan Zarembo, "California Company Clones a Woman's Cat for $50,000," *Los Angeles Times*, December 23, 2004.

5. 제네틱 세이빙스 앤드 클론의 웹사이트 *www.savingsandclone.com*을 참조하라. Zarembo, "California Company Clones a Woman's Cat."

6. "비할 데 없는 최선의 상태"라는 표현은 다음 자료에서 온 것이다. Carl Elliott, *Better Than Well: American Medicine Meets the American Dream* (New York: W. W. Norton, 2003). Carl Elliott은 Peter D. Kramer, *Listening to Prozac*, rev. ed. (New York: Penguin, 1997)을 인용한다.

완벽에
대 한
반 론

7. E. M. Swift and Don Yaeger, "Unnatural Selection," *Sports Illustrated*, May 14, 2001, p.86; H. Lee Sweeney, "Gene Doping," *Scientific American*, July 2004, pp.62-69.

8. Richard Sandomir, "Olympics: Athletes May Next Seek Genetic Enhancement," *New York Times*, March 21, 2002, p.6.

9. Rick Weiss, "Mighty Smart Mice," *Washington Post*, September 2, 1999, p.A1; Richard Saltus, "Altered Genes Produce Smart Mice, Tough Questions," *Boston Globe*, September 2, 1999, p.A1; Stephen S. Hall, "Our Memories, Our Selves," *New York Times Magazine*, February 15, 1998, p.26.

10. Hall, "Our Memories, Our Selves," p.26; Robert Langreth, "Viagra for the Brain," *Forbes*, February 4, 2002; David Tuller, "Race Is On for a Pill to Save the Memory," *New York Times*, July 29, 2003; Tim Tully et al., "Targeting the CREB Pathway for Memory Enhancers," *Nature 2* (April 2003): 267-277; *www.memorypharma.com*.

11. Ellen Barry, "Pill to Ease Memory of Trauma Envisioned," *Boston Globe*, November 18, 2002, p.A1; Robin Maranz Henig, "The Quest to Forget," *New York Times Magazine*, April 4, 2004, pp.32-37; Gaia Vince, "Rewriting Your Past," *New Scientist*, December 3, 2005, p.32.

12. Marc Kaufman, "FDA Approves Wider Use of Growth Hormone," *Washington Post*, July 26, 2003, p.A12.

13. Patricia Callahan and Leila Abboud, "A New Boost for Short Kids," *Wall Street Journal*, June 11, 2003.

14. Kaufman, "FDA Approves Wider Use of Growth Hormone,"; Melissa Healy, "Does Shortness Need a Cure?" *Los Angeles Times*, August 11, 2003.

15. Callahan and Abboud, "A New Boost for Short Kids."

16. Talmud, *Niddah* 31b, cited in Miryam Z. Wahrman, *Brave New Judaism: When Science and Scripture Collide* (Hanover, NH: Brandeis University Press, 2002), p.126; Meredith Wadman, "So You Want a Girl?" *Fortune,* February 19, 2001, p.174; Karen Springen, "The Ancient Art of Making Babies," *Newsweek,* January 26, 2004, p.51.

17. Susan Sachs, "Clinics' Pitch to Indian Emigrés: It's a Boy," *New York Times,* August 15, 2001, p.A1; Seema Sirohi, "The Vanishing Girls of India," *Christian Science Monitor,* July 30, 2001, p.9; Mary Carmichael, "No Girls, Please," *Newsweek,* January 26, 2004; Scott Baldauf, "India's 'Girl Deficit' Deepest among Educated," *Christian Sceience Monitor,* January 13, 2006, p.1; Nicholas Eberstadt, "Choosing the Sex of Children: Demographics," presentation to President's Council on Bioethics, October 17, 2002, at *www.bioethics.gov/transcripts/octo2/session2.html*; B. M. Dickens, "Can Sex Selection Be Ethically Tolerated?" *Journal of Medical Ethics 28* (December 2002): 335-336; "Quiet Genocide: Declining Child Sex Ratios," *Statesman* (India), December 17, 2001.

18. GIVF의 웹사이트 *www.microsort.net*을 참조하라. 또한 다음을 참조하라. Meredith Waldman, "So You Want a Girl?"; Lisa Belkin, "Getting the Girl," *New York Times Magazine,* July 25, 1999; Claudia Kalb, "Brave New Babies," *Newsweek,* January 26, 2004, pp.45-52.

19. Felicia R. Lee, "Engineering More Sons than Daughters: Will It Tip the Scales toward War?" *New York Times,* July 3, 2004, p.B7; David Glenn, "A Dangerous Surplus of Sons?" *Chronicle of Higher Education,* April 30, 2004, p.A14; Valerie M. Hudson and Andrea M. den Boer,

완벽에
대 한
반 론

Bare Branches: Security Implications of Asia's Surplus Male Population (Cambridge, MA: MIT Press, 2004).

20. *www.microsort.net* 참조.

2장. 생체공학적 운동선수

1. 이 때문에 나는 *Beyond Therapy: Biotechnology and the Pursuit of Happiness*, A Report of the President's Council on Bioethics (Washington, DC: 2003), pp.123-156에 제시된 성과 강화 분석의 요지에 동의하지 않는다. 다음 웹사이트를 참조하라. *www.bioethics.gov/reports/beyondtherapy/index. html*.

2. Hank Gola, "Fore! Look Out for Lasik," *Daily News*, May 28, 2002, p.67.

3. Malcolm Gladwell, "Drugstore Athlete," *New Yorker*, September 10, 2001, p.52, and Neal Bascomb, *The Perfect Mile* (London: CollinsWillow, 2004)을 참조하라.

4. Andrew Tilin, "The Post-Human Race," *Wired*, August 2002, pp.82-89, 130-131, and Andrew Kramer, "Looking High and Low for Winners," *Boston Globe*, June 8, 2003을 참조하라.

5. Matt Seaton and David Adam, "If This Year's Tour de Frace Is 100% Clean, Then That Will Certainly Be a First," *Guardian*, July 3, 2003, p.4, and Gladwell, "Drugstore Athlete"을 참조하라.

6. Gina Kolata, "Live at Altitude? Sure. Sleep There? Not So Sure," *New York Times*, July 26, 2006, p.C12; Christa Case, "Athlete Tent Gives Druglike Boost. Should It Be Legal?" *Christian Science Monitor*, May

12, 2006; 윤리위원회 자료인 "WADA Note on Artificially Induced Hypoxic Conditions," May 24, 2006을 내게 제공해준 세계반도핑기구 윤리위원회 회장 토머스 머레이(Thomas H. Murray)에게 감사한다.

7. Selena Roberts, "In the NFL, Wretched Excess Is the Way to Make the Roster," *New York Times*, August 1, 2002, pp.A21, A23.

8. 같은 자료, p.A23.

9. 영화 〈불의 전차(Chariots of Fire)〉 사례를 제안해준 레온 카스에게 감사한다.

10. Blair Tindall, "Better Playing through Chemistry," *New York Times*, October 17, 2004을 참조하라.

11. Anthony Tommasini, "Pipe Down! We Can Hardly Hear You," *New York Times*, January 1, 2006, pp.AR1, AR25.

12. 같은 자료, p.AR25.

13. 같은 자료.

14. G. Pascal Zachary, "Steroids for Everyone!" *Wired*, April 2004.

15. *PGA Tour, Inc., v. Casey Martin*, 532 U.S. 661 (2001). Justice Scalia dissenting, at 699-701.

16. 한스 울리히 검브레히트(Hans Ulrich Gumbrecht)도 유사한 주장을 하면서, 운동선수의 탁월성이 칭송할 가치가 있는 미(美)의 표현물이라고 말한다. Gumbrecht, *In Praise of Athletic Beauty* (Cambridge, MA: Harvard University Press, 2006)을 참조하라. 야구계의 명감독인 토니 라루사(Tony LaRussa)는 야구의 미묘한 본질을 잘 포착하는 경기들을 미(美)의 범주에 포함시킨다. "Beautiful. Just beautiful baseball" 참조. Buzz Bissinger, *Three Nights in August* (Boston: Houghton Mifflin, 2005), pp.2, 216-217, 253에 인용됨.

완벽에
대 한
반 론

1. 윌리엄 F. 메이가 2002년 10월 17일 대통령 생명윤리 위원회에서 한 말이다. 다음 웹페이지 참조. *http://bioethicsprint.bioethics.gov/transcripts/octo2/ session2.html*.

2. Julian Savulescu, "New Breeds of Humans: The Moral Obligation to Enhance," *Ethics, Law and Moral Philosophy of Reproductive Biomedicine 1*, no. 1 (March 2005): 36-39; Julian Savulescu, "Why I Believe Parents Are Morally Obliged to Genetically Modify Their Children," *Times Higher Education Supplement*, November 5, 2004, p.16.

3. 윌리엄 F. 메이가 2002년 1월 17일 대통령 생명윤리 위원회에서 한 말이다. 다음 웹페이지 참조. *http://bioethicsprint.bioethics.gov/transcripts/jan02/ jansession2intro.html*. 또한 William F. May, "The President's Council on Bioethics: My Take on Some of Its Deliberations," *Perspectives in Biology and Medicine* 48 (Spring 2005): 230-231을 참조하라.

4. 같은 자료.

5. Alvin Rosenfeld and Nicole Wise, *Hyperparenting: Are You Hurting Your Child by Trying Too Hard?* (New York: St. Martin's Press, 2000)을 참조하라.

6. Robin Finn, "Tennis: Williamses Are Buckled in and Rolling, at a Safe Pace," *New York Times*, November 14, 1999, sec.8, p.1; Steve Simmons, "Tennis Champs at Birth," *Toronto Sun*, August 19, 1999, p.95.

7. Dale Russakoff, "Okay, Soccer Moms and Dads: Time Out!" *Washington Post*, August 25, 1998, p.A1; Jill Young Miller, "Parents, Behave! Soccer Moms and Dads Find Themselves Graded on Conduct, Ordered to Keep Quiet," *Atlanta Journal and Constitution,* October 9, 2000, p.1D;

Tatsha Robertson, "Whistles Blow for Alpha Families to Call a Timeout," *Boston Globe*, November 26, 2004, p.A1.

8. Bill Pennington, "Doctors See a Big Rise in Injuries as Young Athletes Train Nonstop," *New York Times*, February 22, 2005, pp.A1, C19.

9. Tamar Lewin, "Parents' Role Is Narrowing Generation Gap on Campus," *New York Times*, January 6, 2003, p.A1.

10. Jenna Russell, "Fending Off the Parents," *Boston Globe*, November 20, 2002, p.A1; Marilee Jones, "Parents Get Too Aggressive on Admissions," *USA Today*, January 6, 2003, p.13A; Barbara Fitzgerald, "Helicopter Parents," *Richmond Alumni Magazine*, Winter 2006, pp.20-23.

11. Judith R. Shapiro, "Keeping Parents off Campus," *New York Times*, August 22, 2002, p.23.

12. Liz Marlantes, "Prepping for the Test," *Christian Science Monitor*, November 2, 1999, p.11.

13. Marlon Manuel, "SAT Prep Game Not a Trivial Pursuit," *The Atlanta Journal-Constitution*, October 8, 2002, p.1E.

14. Jane Gross, "Paying for a Disability Diagnosis to Gain Time on College Boards," *New York Times*, September 26, 2002, p.A1.

15. Robert Worth, "Ivy League Fever," *New York Times*, September 24, 2000, Section 14WC, p.1; Anne Field, "A Guide to Lead You through the College Maze," *Business Week*, March 12, 2001.

16. 이 회사의 웹페이지 *www.ivywise.com*, 그리고 Liz Willen, "How to Get Holly into Harvard," *Bloomberg Markets*, September 2003을 참조하라.

17. Cohen quoted in David L. Kirp and Jeffery T. Holman, "This Little Student Went to Market," *American Prospect,* October 7, 2002, p.29.

18. Robert Worth, "For $300 an Hour, Advice on Courting Elite Schools,"

완벽에
대 한
반 론

New York Times, October 25, 2000, p.B12; Jane Gross, "Right School for 4-Year-Old? Find an Adviser," *New York Times*, May 28, 2003, p.A1.

19. Emily Nelson and Laurie P. Cohen, "Why Jack Grubman Was So Keen to Get His Twins into the Y," *Wall Street Journal*, November 15, 2002, p.A1; Jane Gross, "No Talking Out of Preschool," *New York Times*, November 15, 2002, p.B1.

20. Constance L. Hays, "For Some Parents, It's Never Too Early for SAT Prep," *New York Times*, December 20, 2004, p.C2; Worth, "For $300 an Hour."

21. Marjorie Coeyman, "Childhood Achievement Test," *Christian Science Monitor*, December 17, 2002, p.11에 미시간 대학 설문조사 연구 센터에서 수행한 학생 과제물에 대한 연구가 소개되어 있다. 또한 다음도 참조하라. Kate Zernike, "No Time for Napping in Today's Kindergarten," *New York Times*, October 23, 2000, p.A1; Susan Brenna, "The Littlest Test Takers," *New York Times Education Life,* November 9, 2003, p.32.

22. 다음을 참조하라. Lawrence H. Diller, *Running on Ritalin: A Physician Reflects on Children, Society, and Performance in a Pill* (New York: Bantam, 1998); Lawrence H. Diller, *The Last Normal Child* (New York: Praeger, 2006); Gardiner Harris, "Use of Attention-Deficit Drugs Is Found to Soar among Adults," *New York Times*, September 15, 2005. 리탈린과 암페타민의 생산량에 관한 수치는 다음 자료에 근거한다. Methylphenidate Annual Production Quota(1990-2005) and Amphetamine Annual Production Quota(1990-2005), Office of Public Affairs, Drug Enforcement Administration, Department of Justice, Washington, D.C., 2005. 이 내용은 Diller, *The Last Normal Child*, pp.22, 132-133에 인용되어 있다.

주 167

23. Susan Okie, "Behavioral Drug Use in Toddlers Up Sharply," *Washington Post*, February 23, 2000, p.A1. 이 글은 *Journal of the American Medical Association*, February 2000에 실린 Julie Magno Zito의 연구를 인용하고 있다. 또한 다음을 참조하라. Sheryl Gay Stolberg, "Preschool Meds," *New York Times Magazine*, November 17, 2002, p.59; Erica Goode, "Study Finds Jump in Children Taking Psychiatric Drugs," *New York Times*, January 14, 2003, p.A21; Andrew Jacobs, "The Adderall Advantage," *New York Times Education Life*, July 31, 2005. p.16.

4장. 우생학의 어제와 오늘

1. 우생학의 상세한 역사에 대해서는 Daniel J. Kevles, *In the Name of Eugenics* (Cambridge, MA: Harvard University Press, 1995), pp.3-19을 참조하라.

2. Francis Galton, *Hereditary Genius: An Inquiry into Its Laws and Consequences* (London: Macmillan, 1869), p.1에 나오는 말로서, Kevles, *In the Name of Eugenics*, p.4에 인용되어 있다.

3. Francis Galton, *Essays in Eugenics* (London: Eugenics Education Society, 1909), p.42.

4. Charles B. Davenport, *Heredity in Relation to Eugenics* (New York: Henry Holt & Company, 1911; New York: Arno Press, 1972), p.271에 나오는 말로서, Edwin Black, *War against the Weak* (New York: Four Walls Eight Windows, 2003), p.45에 인용되어 있다. 또한 Kevles, *In the Name of Eugenics*, pp.41-56도 참조하라.

5. 1913년 1월 3일 시어도어 루스벨트가 찰스 대븐포트에게 보낸 편지. Black, *War against the Weak*, p.99에 인용됨. 또한 Black, *War against the Weak*,

168 완벽에
대 한
반 론

pp.93-105와 Kevles, *In the Name of Eugenics*, pp.85-95을 참조하라.

6. 마거릿 생어의 말은 Kevles, *In the Name of Eugenics*, p.90에 인용되어 있다. 또한 Black, *War against the Weak*, pp.125-144를 참조하라.

7. Kelves, *In the Name of Eugenics*, pp.61-63, 89.

8. 같은 자료, pp.100, 107-112; Black, *War against the Weak*, pp.117-123; Buck v. Bell, 274 U.S. (1927).

9. Adolf Hitler, *Mein Kampf*, trans. Ralph Manheim (Boston: Houghton Mifflin, 1943), vol. 1, chap. 10, p.255, quoted in Black, *War against the Weak*, p.274.

10. Black, *War against the Weak*, pp.300-302.

11. Kelves, *In the Name of Eugenics*, p.169; Black, *War against the Weak*, p.400.

12. 리콴유 총리가 1983년 8월 14일에 싱가포르 독립기념일 행사에서 "미래를 위한 인재"라는 제목으로 연설한 내용 중 일부다. Saw Swee-Hock, *Population Policies and Programmes in Singapore* (Singapore: Institute of South East Asian Studies, 2005), pp.243-249(Appendix A)에 인용되어 있다. *www.yayapapayaz.com/ringisei/2006/07/11/ndr1983/*에서 볼 수 있다.

13. C. K. Chan, "Eugenics on the Rise: A Report from Singapore," in Ruth F. Chadwick, ed., *Ethics, Reproduction, and Genetic Control* (London: Routledge, 1994), pp.164-171. Dan Murphy, "Need a Mate? In Singapore, Ask the Government," *Christian Science Monitor*, July 26, 2002, p.1도 참조하라.

14. Sara Webb, "Pushing for Babies: Singapore Fights Fertility Decline," Reuters, April 26, 2006, at *http://www.singapore-window.org/*.

15. Mark Henderson, "Let's Cure Stupidity, Says DNA Pioneer," *Times* (London), February 23, 2003, p.13.

16. Steve Boggan, "Nobel Winner Backs Abortion 'For Any Reason,'" *Independent* (London), February 17, 1997, p.7.

17. Gina Kolata, "$50,000 Offered to Tall, Smart Egg Donor," *New York Times*, March 3, 1999, p.A10; Carey Goldberg, "On Web, Models Auction Their Eggs to Bidders for Beautiful Children," *New York Times*, October 23, 1999, p.A11; Carey Goldberg, "Egg Auction on Internet Is Drawing High Scrutiny," *New York Times*, October 28, 1999, p.A26.

18. 그레이엄의 말은 다음 자료에 인용되어 있다. David Plotz, "The Better Baby Business," *Slate*, March 13, 2001. 웹페이지 www.slate.com/id/102374/에서 볼 수 있다.

19. David Plotz, "The Myths of the Nobel Sperm Bank," *Slate*, February 23, 2001, at *http://www.slate.com/id/101318/*; and Plotz, "The Better Baby Business." 또한 Kevles, *In the Name of Eugenics*, pp.262-263도 참고하라.

20. 캘리포니아 정자은행에 대한 자료는 David Plotz, "The Rise of the Smart Sperm Shopper," *Slate*, April 20, 2001(www.slate.com/id/104633)에서 도움을 받았다.

21. 로스먼의 말은 Plotz, "The Rise of the Smart Sperm Shopper"에 인용된 것이다. 정자 제공자의 자격 요건 및 보상에 대해 알고 싶은 독자는 캘리포니아 정자은행의 웹사이트를 참조하라. *www.cryobank.com/index.cfm?page=35*. 또한 Sally Jacobs, "Wanted: Smart Sperm," *Boston Globe*, September 12, 1993, p.1을 참조하라.

22. Nicholas Agar, "Liberal Eugenics," *Public Affairs Quarterly 12*, no.2 (April 1998): 137. Reprinted in Helga Kuhse and Peter Singer, eds., *Bioethics: An Anthology* (Blackwell, 1999), p.171.

23. Allen Buchanan et al., *From Chance to Choice: Genetics and Justice* (Cambridge: Cambridge University Press, 2000), pp.27-60, 156-191, 304-345.

24. Ronald Dworkin, "Playing God: Genes, Clones, and Luck," in Ronald Dworkin, *Sovereign Virtue* (Cambridge, MA: Harvard University Press, 2000), p.452.

25. Robert Nozick, *Anarchy, State, and Utopia* (New York: Basic Books, 1974), p.315.

26. John Rawls, *A Theory of Justice* (Cambridge, MA: Harvard University Press, 1971), pp.107-108.

27. 이 점에 관한 논의의 전개에는 데이비드 그루얼(David Grewal)의 도움을 받았다.

28. 이 표현의 출처는 다음과 같다. Joel Feinberg, "The Child's Right to an Open Future," in W. Aiken and H. LaFollette, eds., *Whose Child? Children's Rights, Parental Authority, and State Power* (Totowa, NJ: Rowman and Littlefield, 1980). 그리고 Buchanan et al., *From Chance to Choice*, pp.170-176에서는 '열린 미래에 대한 권리'가 자유주의적 우생학과 연관 지어 언급되고 있다.

29. Buchanan et al., *From Chance to Choice*, p.174.

30. Dworkin, "Playing God: Genes, Clones, and Luck," p.452.

31. Jürgen Habermas, *The Future of Human Nature* (Oxford: Polity Press, 2003), pp.vii, 2.

32. 같은 자료, p.79.

33. 같은 자료, p.23.

34. 같은 자료, pp.64-65.

35. 같은 자료, pp.58-59. 탄생성과 인간 행위에 대한 아렌트의 논의는 다음 자료

에서 볼 수 있다. Hannah Arendt, *The Human Condition* (Chicago: University of Chicago Press, 1958), pp.8-9, 177-178, 247.

36. 같은 자료, p.75.

37. 타인에게 의존하는 것보다 비인격적 근원에 의존하는 것이 자유와 덜 반목한 다는 생각은 장 자크 루소의 사회계약과 유사점이 있다. Rousseau, *On the Social Contract* (1762), ed. and trans. Donald A. Cress (Indianapolis: Hackett Publishing Co., 1983), Book I, chap. VI, p.24을 참조하라.

5장. 정복과 선물

1. Tom Verducci, "Getting Amped: Popping Amphetamines or Other Stimulants Is Part of Many Players' Pregame Routine," *Sports Illustrated*, June 3, 2002, p.38.

2. 다음을 참조하라. Amy Harmon, "The Problem with an Almost-Perfect Genetic World," *New York Times*, November 20, 2005; Amy Harmon, "Burden of Knowledge: Tracking Prenatal Health," *New York Times*, June 20, 2004; Elizabeth Weil, "A Wrongful Birth?" *New York Times*, March 12, 2006. 산전 검사의 도덕적 복잡함에 대해서는 Erik Parens and Adrienne Asch, eds., *Prenatal Testing and Disability Rights* (Washington, DC: Georgetown University Press, 2000)을 참조하라.

3. Laurie McGinley, "Senate Approves Bill Banning Bias Based on Genetics," *Wall Street Journal*, October 15, 2003, p.D11를 읽어보라.

4. John Rawls, *A Theory of Justice* (Cambridge, MA: Harvard University Press, 1971), pp.72-75, 102-105를 읽어보라.

5. Carson Strong, "Lost in Translation," *American Journal of Bioethics 5*

(May-June 2005): 29-31과 Robert P. George가 각각 다른 관점으로 내 논지에 대한 이러한 비판을 제기했다. Robert P. George는 2002년 12월 12일 대통령 생명윤리 위원회에서 열린 토론에서 비판을 제기했다(관련 자료: www.bioethics.gov/transcripts/deco2/session4.html).

6. 근대의 자기 이해가 우리가 의식하지 못하는 도덕적 근원들에 복잡한 방식으로 의지하고 있다는 점에 대한 주목할 만한 논의는 Charles Taylor, *Sources of the Self* (Cambridge, MA: Harvard University Press, 1989)을 참조하라.

7. Frances M. Kamm, "Is There a Problem with Enhancement?" *American Journal of Bioethics 5* (May-June 2005): 1-10을 참조하라. Kamm은 나의 초기 논증을 진지하게 비평한 글에서, 내가 정복을 향한 "욕구" 또는 "성향"이라고 부른 것을 개인 행위자의 욕구나 동기라고 해석하면서, 그런 욕구에 따라 행동한다고 해서 강화가 허용할 수 없게 되지는 않는다고 주장한다.

8. 이 점에 관한 논의는 Patrick Andrew Thronson의 학사 논문 "강화와 숙고: 코스가드, 하이데거, 그리고 윤리적 담론의 토대(Enhancement and Reflection: Korsgaard, Heidegger, and the Foundation of Ethical Discourse)"(Harvard University, December 3, 2004)에서 큰 도움을 받았다. 또한 Jason Robert Scott, "Human Dispossession and Human Enhancement," *American Journal of Bioethics 5* (May-June 2005): 27-28을 참조하라.

9. Isaiah Berlin, "John Stuart Mill and the Ends of Life," in Berlin, *Four Essays on Liberty* (London: Oxford University Press, 1969), p.193을 참조하라. 여기에 "인간성이라는 뒤틀린 목재를 가지고 똑바른 일을 성취한 예는 없다"라는 칸트의 말이 인용되어 있다.

10. Robert L. Sinsheimer, "The Prospect of Designed Genetic Change," *Engineering and Science Magazine*, April 1969 (California Institute of Technology). Reprinted in Ruth F. Chadwick, ed., *Reproduction and*

Genetic Control (London: Routledge, 1994), pp.144-145.

11. 같은 자료, p.145.
12. 같은 자료, pp.145-146.

에필로그. 배아 윤리학: 줄기세포 논쟁

1. "President Discusses Stem Cell Research Policy," Office of the Press Secretary, the White House, July 19, 2006, at http://www.whitehouse.gov/news/releases/2006/07/20060719-3.html; George W. Bush, "Message to the House of Representatives," Office of the Press Secretary, the White House, July 19, 2006, at http://www.whitehouse.gov/news/releases/2006/07/20060719-5.html.

2. Press briefing by Tony Snow, Office of the Press Secretary, the White House, July 18, 2006, at http://www.whitehouse.gov/news/releases/2006/07/20060718.html; Press briefing by Tony Snow, Office of the Press Secretary, the White House, July 24, 2006, at http://www.whitehouse.gov/news/releases/2006/07/20060724-4.html; Peter Baker, "White House Softens Tone on Embryo Use," *Washington Post*, July 25, 2006, p.A7.

3. 영국의 인간 개체 복제 법안 2001은 www.opsi.gov.uk/acts/acts2001/20010023.htm에서 볼 수 있다.

4. 상원의원 샘 브라운백이 2000년 4월 26일 상원의 노동 및 보건사회복지, 교육 세출 위원회에서 한 말로서, 브라운백의 언론 공식발표 자료인 "Brownback Opposes Embryonic Stem Cell Research at Hearing Today"에 인용되어 있다. http://brownback.senate.gov/pressapp/record.cfm?id=176080&&

완벽에
대 한
반 론

year=2000&에서 볼 수 있다.

5. 브라운백이 2002년 1월 22일 워싱턴 DC에서 열린 '생명을 위한 행진(March for Life)' 연례 집회에서 연설한 내용의 일부다. 브라운백의 언론 공식발표 자료인 "Brownback Speaks at Right to Life March"에 인용되어 있다. http://brownback.senate.gov/pressapp/record.cfm?id=180278&&year =2002&에서 볼 수 있다.

6. 이와 관련한 나의 논의는 다음 두 건의 글에서 내가 이미 제시했던 주장을 더 다듬어서 실었다. Sandel, "The Anti-Cloning Conundrum," *New York Times*, May 28, 2002 그리고 *Human Cloning and Human Dignity: Report of the President's Council on Bioethics* (New York: PublicAffairs, 2002), pp.343-347.

7. Senator Bill Frist, *Congressional Record–Senate*, 107th Cong., 2nd sess., Vol.148, no.37, April 9, 2002, pp.2384-2385; Bill Frist, "Not Ready for Human Cloning," *Washington Post*, April 11, 2002, p.A29; Bill Frist, "Meeting Stem Cells' Promise–Ethically," *Washington Post*, July 18, 2006; Mitt Romney, "The Problem with the Stem Cell Bill," *Boston Globe*, March 6, 2005, p.D11.

8. Charles Krauthammer, "Crossing Lines," *New Republic*, April 29, 2002, p.23.

9. 복제와 줄기세포 논쟁에 적용되는 '의도'와 '예견'의 구분에 대한 유용한 논의는 다음을 참조하라. William Fitzpatrick, "Surplus Embryos, Nonreproductive Cloning, and the Intend/Foresee Distinction," *Hastings Center Report*, May-June 2003, pp.29-36.

10. Nicholas Wade, "Clinics Hold More Embryos Than Had Been Thought," *New York Times*, May 9, 2003, p.24.

11. "버려지는 것이 없어지는 것"이라는 표현의 출처는 Gene Outka, "The Ethics

of Human Stem Cell Research," *Kennedy Institute of Ethics Journal* 12, no.2 (2002): 175-213이다. Outka는 내가 비판한 타협적인 입장을 옹호하는 인물이다. 또한 2002년 4월 25일 대통령 생명윤리 위원회에서 진행된, Outka 의 "버려지는 것이 없어진다"는 원칙에 대한 논의도 참조하라. http://www. bioethics.gov/transcripts/apro2/apr25session3.html.

12. 이 단락과 이후의 단락에서 제시하는 논지는 다음 두 건의 글에서 내가 이미 제시했던 주장을 더 다듬은 것이다. Sandel, "Embryo Ethics: The Moral Logic of Stem Cell Research," *New England Journal of Medicine* 351 (July 15, 2004): 207-209 그리고 Sandel, *Human Cloning and Human Dignity*.

13. 대통령 생명윤리 위원회에 함께 참여했던 동료 학자인 Paul McHugh가 이런 견해를 갖고 있다. 다음을 참조하라. "Statement of Dr. McHugh," in the appendix to *Human Cloning and Human Dignity: The Report of the President's Council on Bioethics* (New York: PublicAffairs, 2002), pp.332-333; and Paul McHugh, "Zygote and 'Clonote': The Ethical Use of Embryonic Stem Cells," *New England Journal of Medicine* 351 (July 15, 2004): 209-211. McHugh는 대통령 생명윤리 위원회에서 처음 이런 의견을 개진했을 때 거의 조롱에 가까운 비판을 받았다. 그러나 MIT의 줄기세포 생물학자 Rudolph Jaenisch가 이후 발표를 통해 McHugh의 접합체와 복제체 구분을 지지하는 과학적 근거를 제시했다. 2003년 7월 24일 대통령 생명윤리 위원회에서 있었던 Rudolph Jaenisch의 발표 및 이후 토론 내용은 http://www.bioethics.gov/transcripts/july03/session3.html에서 볼 수 있다.

14. 이 비유에 대한 비판적 논의는 다음을 참조하라. Robert P. George and Patrick Lee, "Acorns and Embryos," *New Atlantis* 7 (Fall 2004/Winter 2005): 90-100. 이 글은 내가 쓴 "Embryo Ethics"에 대응하여 쓰인 것이다.

15. Richard Tuck은 내가 무더기 역설에 주목하도록 이끌어주었고, David

Grewal은 그 역설이 배아의 도덕적 지위에 대한 논쟁에서 적절히 활용될 수 있음을 일깨워주었다.

16. "President Discusses Stem Cell Research Policy," Office of the Press Secretary, the White House, July 19, 2006, available at http://www.whitehouse.gov/news/releases/2006/07/20060719-3.html.

17. George J. Annas, "A French Homunculus in a Tennessee Court," *Hastings Center Report 19* (November 1989): 20-22.

18. 자연 생식의 배아 손실률은 60~80퍼센트다. 유타 대학 의과대학원의 소아과학, 인간유전학, 산부인과학 교수인 John M. Opitz의 설명에 따르면, 수정란의 약 80퍼센트가 생존하지 못하고 7일 된 수정란 가운데 약 60퍼센트가 생존하지 못한다. John M. Opitz가 2003년 1월 16일 대통령 생명윤리 위원회에서 한 발표를 http://www.bioethics.gov/transcripts/jan03/session1.html에서 볼 수 있다. 〈International Journal of Fertility〉에 발표된 연구결과에 의하면 자연 임신된 수정란의 최소 73퍼센트가 첫 6주를 버티지 못하고, 첫 6주 동안 생존한 수정란 중에서도 약 10퍼센트는 마지막 순간인 분만일까지 살아남지 못한다. C. E. Boklage, "Survival Probability of Human Conceptions from Fertilization to Term," *International Journal of Fertility* 35 (March-April 1990): 75-94를 참조하라. 자연임신의 배아 손실에 수반되는 윤리적 함의에 대한 논의는 John Harris, "Stem Cells, Sex, and Procreation," *Cambridge Quarterly of Healthcare Ethics* 12 (2003): 353-371을 참조하라.

생명공학 시대와 마음의 습관

마이클 샌델 교수는 조지 W. 부시 대통령 시절인 2002년부터 4년 동안 생명윤리 위원회의 위원으로 위촉받아 일했던 경험을 갖고 있다. 이 위원회는 '생명의료 과학기술의 진보가 갖는 윤리적 함의에 대해 미국 대통령에게 자문을 제공하는 기관'이다. 샌델은 자신이 민주당 성향이었기 때문에 공화당 출신의 부시 대통령이 자신에게 생명윤리 위원회 참여를 요청한 것이 다소 놀라웠다고 한다. 그러나 그는 정치철학자로서, 줄기세포 연구의 윤리적 함의에 대해 연구할 필요를 느껴 그의 제안을 수락했다.

이 위원회에서는 줄기세포 복제에 대한 연구를 허용할 것인지의 여부를 놓고 17명의 위원이 연구와 토론을 진행한 끝에 최종적으로 찬반투표를 하였는데, 그중 10명이 연구를 금지하는 쪽에 표를 던졌다. 다수는 이 연구가 필연적으로 인간 복제의 방향으로 나아갈 것이라고

완벽에
대 한
반 론

보았기 때문이다. 나머지 7명은 일정한 제한을 가하면서 연구를 허용하자는 입장이었다. 샌델은 후자에 속했다. 부시 대통령은 이 위원회의 결정을 받아들여, 2006년 미 의회가 배아 줄기세포 연구에 연방정부의 재정을 지원하자는 법안을 통과시키고 대통령의 결정만을 남겨놓은 상태에서 이 법안에 대해 거부권을 행사했다. 줄기세포 연구가 수정 후 6~8일 된 착상 전 단계의 배아를 파괴하는 과정을 포함하는데, 이는 무고한 생명을 빼앗는 행위라는 이유에서였다.

위원회의 활동이 종료된 뒤 샌델은 이와 관련해 좀 더 연구를 수행하여 2005년에는 한국에서 열린 다산기념철학강좌에서 관련 주제의 논문을 발표하기도 했다. 당시 발표된 논문은 원문과 우리말 번역을 포함한 형태로 2007년에 출간되었는데, 그 내용은 이 책 전체를 정리한 것으로 원제는 '완벽에 대한 반론The case against perfection'으로 번역할 수 있다.

한편 이 책은 2010년에 강명신 박사의 번역으로 『생명의 윤리를 말하다』라는 제목으로 출간된 바 있고, 필자도 그 책에 해설을 썼었다. 강명신 박사는 생명공학 전공자로서 적절한 번역 용어를 선택함으로써 이 책의 가치를 높였다, 그의 역자 후기 또한 읽을 만한 내용을 담고 있다는 점에서 그의 노고가 이 새로운 번역서의 출현에도 불구하고 여전히 인정받을 수 있기를 바라는 마음이다.

이 책이 쓰인 목적은 생명공학 시대에 완벽 추구의 윤리에 대한 반대의 입장과 근거를 설명하는 데 있다. 그러나 이 책을 자세히 읽어보면 샌델의 논의는 생명공학 문제에 대한 응답에 머무르지 않는다. 그는 생명공학의 노력 근저에 깔려 있는 윤리적 입장이 무엇인지를 정확히 짚어내어 비판하고, 우리가 취해야 할 올바른 윤리적 태도가 무엇인지 고민해볼 것을 촉구하고 있다. 이는 이 시대를 지배하고 있는 '마음의 습관'에 대한 비판이며 존재 방식에 대한 반성의 촉구다.

그런데 오늘과 같은 시대에 '올바른 윤리'를 주장하는 것이 어떻게 가능한가? 우리는 문화적 다양성을 경험하면서 지역, 문화권, 시대를 넘어 타당한 가치가 과연 존재하는지에 대해 의문을 품고 있다. 또 일상적으로는 서로의 가치관에 대해 침해하지 않고 각자의 자율성과 자유를 존중하는 문화 안에서 살고 있다.

온건한 윤리적 상대주의 의식이 에티켓과 타인에 대한 존중이라는 태도 안에 머물고 있기 때문에 '올바른 윤리'라는 표현 자체도 그 타당성을 갖기 어려울 것처럼 보인다. 하지만 윤리란 우리가 더불어 살아가는 데 필요한 합의된 관점이며, 이 지상에서 오랫동안 많은 사람들이 공동의 삶을 꾸려오며 정착시킨 지혜와 같다. 그것 없이는 개인의 의미 있는 삶 자체가 불가능할 수도 있다.

완벽에
대 한
반 론

샌델은 이 책을 통해 생명공학의 여러 주제들에 관하여 어떠한 태도를 취해야 마땅한지를 제시하면서 우리의 동의를 구하고 있다. 나아가 우리가 어떠한 사회를 만들기 원하는지, 우리가 당연하게 생각하고 있는 삶의 방식들이 과연 우리가 바라는 좋은 삶을 가능하게 해주는 것인지 질문하며, 매우 근본적인 수준에서 반성을 촉구하고 있다. 이 책 안에서 그러한 접근법은 적어도 세 가지 방식으로 나타난다.

첫째, 샌델은 우리가 어떤 입장을 취하거나 행동을 할 때 마음에 불편함이 따를 경우, 그 감정의 근원이 무엇인지를 묻는다. 마음의 불편은 어디에서 오는가? 왜 우리는 어떤 입장을 취할 때 망설이게 되는 것일까? 윤리적 불안감의 정체는 무엇일까? 왜 어떤 입장에 대해서는 윤리적 반감이 발생하는 것일까? 이러한 질문들이 우리 안에서 생길 때, 우리는 생각하게 되고, 생각을 통해 무엇이 옳은 것인지에 대한 판단으로 나아갈 수 있다.

감정이 도덕의 원천이라는 것은 영국의 경험론 철학자인 데이비드 흄David Hume이 주장했다. 그러나 샌델의 접근 방식은 소크라테스에 가깝다. 소크라테스는 세상의 모든 사람과 모순을 일으키는 일이 발생하더라도 자기 자신과의 모순은 범하지 말라고 했다. 자기모순에서 발생하는 감정, 그것은 곧 양심의 가책에서 발생하는 감정이다. 이런 감정은 누구나 느끼는 것이며, 그 감정에 충실할 때 우리는 적어도 비윤리적 삶을 살지는 않게 될 것이다.

둘째, 샌델은 우리가 어떤 잘못된 입장을 취하게 되면 그 결과가 나쁠 수밖에 없다는 것을 지적한다. 모든 일에는 결과가 따르는 법이다. 그 결과가 처음에 얻으려 했던 목적과 반대되는 것이라면 우리는 그런 행위를 시도해서는 안 될 것이다. 이는 소크라테스가 적극적으로 사용했던 귀류법의 논리가 윤리적으로 적용된 것이다. 귀류법이란 어떤 주장에 대해 그것이 참이라고 전제하고 결론을 도출해보았을 때 모순이 발견된다면, 최초의 주장 자체가 오류라는 것을 확증할 수 있다는 입장이다.

샌델은 유전공학을 적용했을 때 그것이 가져다주는 단기적 성과에만 집착하여 유전공학이 유익하다고 판단하는 데 그치지 말고, 그런 기술이 궁극적으로 어떤 사회를 만들어낼 것인지, 그런 사회가 과연 좋은 것인지 고민해볼 것을 권한다. 만약 우리가 그런 사회를 좋다고 여기고 받아들일 수 없다면, 유전공학을 받아들이는 데 신중해야 한다고 경고한다.

셋째, 샌델은 우리의 삶과 세계를 구성하고 있는 선한 것들의 본래적 가치에 주목해볼 것을 주문한다. 우리가 소중하게 생각했던 책임의 가치, 서로 돕고 지원하는 사회적 연대의 가치, 또는 뮤지컬이나 스포츠가 왜, 그리고 어떻게 인간에게 감동을 주고 거기서 쾌감을 느껴

완벽에
대 한
반 론

좋아하게 되는가를 들여다보라고 권한다. 그리고 우리가 새롭게 사용하려는 기술이 그러한 본래적 가치를 더하는 방향으로 변화를 주는지, 아니면 그것을 파괴하는 방향으로 변화를 주는지 살펴보라고 말한다.

물론 샌델은 본래적 가치가 자연이 부여한 절대성을 갖는다는 의미에서 그런 권유를 하는 것이 아니다. 비록 유한한 존재지만 인간이 오랫동안 가치를 부여해왔다면 거기에는 그럴만한 이유가 있는 것이다. 또한 손쉽게 한두 가지의 기준으로 이 모든 가치를 판단하려 하거나, 이성을 통해 모든 것을 지배하고 통제할 수 있는 것처럼 우리의 삶과 세계를 이해하는 것은 잘못이다.

윤리는 이미 정해져 있어서 우리가 그저 적용하기만 하면 되는 것이 아니다. 절대성을 가지고 삶을 통제하는 윤리는 존재하지 않는다. 그렇다고 윤리가 마냥 상대적인 것도 아니다. 윤리적 기준은 존재하지 않는다는 회의주의자의 입장을 견지하며 이 세상을 살 수 있는 것도 아니다. 상대주의나 회의주의는 그 자체가 스스로 모순에 빠지는 주장이며, 더불어 살아가는 현실의 삶에 적용 가능한 태도도 아니다. 윤리는 절대주의와 상대주의 그 중간에서 현실의 삶을 이끌어주는 일종의 가이드라인이다. 생명공학 시대의 윤리는 우리의 사회를 어떤 모습으로 만들어갈 것인가라는 근원적 가치관에 따라 형성되어야 하는 것으로, 그 구체적인 내용은 우리가 심사숙고한 결과에 달려 있다.

이 책은 모두 여섯 편의 글로 구성되어 있다. 그리고 각 글은 하나의 거대한 드라마를 연출하고 있다.

제1장은 오늘날의 유전공학이 초점을 맞추고 있는 네 가지 기술에 주목한다. 근육 강화, 기억력 강화, 신장 강화, 성별 선택이 그것인데, 모두 강화의 윤리학을 내재하고 작동하는 것들이다. 샌델은 이러한 기술을 활용하고자 할 때 우리가 갖게 되는 불편한 감정에 주목한다. 그리고 거금을 들여 그 기술들을 자신이나 자녀들에게 적용하려 할 때, 과연 그 일을 장려하고 바람직하다고 여기는 사회가 진정으로 우리가 살고 싶은 사회인가를 묻는다.

제2장에서는 생체공학을 적용하여 경기력을 향상시켜 완전한 플레이를 추구하는 운동선수에 초점을 맞춘다. 그 안에 담긴 프로메테우스적 열망에 주목해보는 것이다. 그런데 그렇게 해서 경기력을 향상시키는 선수들은 우리의 존경심을 더 얻게 되는가? 샌델은 자연적인 재능과 능력에 초점을 맞추는 경우와 유전적 강화를 통해 경기력을 향상시키는 경우에 우리가 찬탄을 보내는 대상은 무엇인가를 묻는다. 그래서 해당 스포츠와 사례들이 가진 본래적 탁월성이 어떤 방식으로

구현되는지에 주목한다.

제3장은 맞춤 아기 사례를 통해 자녀를 설계하는 부모들이 갖고 있는 근본적인 생각을 점검한다. 샌델은 여기서 삶 또는 생명(이 두 단어 모두 life의 번역어다)이 선물로 주어진 것giftedness이라는 점에 주목하고, 선택하지 않은 것에 대해 열린 마음으로 받아들이는 자세가 필요하다고 강조한다. 재능gifts 역시 선택이 아닌 선물gift로 주어진 것이기에 생명공학기술을 통해 자녀의 능력을 강화하는 것은 지나친 지배와 통제라는 것이다. 따라서 아기를 설계하고 유전자를 조작하는 우생학적 노력에 담긴 인간의 지배 심리에 대해 돌아보아야 하며, 실제로 그런 지배가 이성을 통해 가능하다는 믿음이 잘못되었음을 지적한다.

제4장은 우생학의 역사를 살펴보면서, 그것이 오늘날 자유지상주의의 자유시장 개념과 함께 어떻게 춤추고 있는지, 그리고 그보다는 온건하지만 자유주의적 우생학이 우리의 삶에 어떤 영향을 미치고 있는지 보여준다. 그리고 이러한 현대적 경향 속에서 어떻게 '국가의 강요' 혹은 시대의 주류적 가치관이 작용하고 있는지 점검하고 비판한다. 아울러 현대의 주류 이데올로기인 자유주의적 입장에서 이런 경향을 반대하고 비판한다고 해도 그것이 자유주의적 입장에 서 있는 한 빠질 수밖에 없는 오류에 대해서도 지적한다. 자유주의에는 답이 없다는 것이다.

제5장에서는 완벽을 추구하는 가운데 드러나는 인간의 정복욕과 지배욕에 대항하여 생명과 삶을 주어진 선물로 보는 태도의 중요성을 제시한다. 유전학적 성취가 바람직해 보일지라도 그것이 결국 인간의 겸손과 책임, 그리고 사회적 연대를 훼손하여 우리가 살아가는 세상을 더욱 파편화하고 불편하게 만들어버릴 것이라고 경고한다. 샌델의 말을 직접 인용해보자.

> 정복과 통제를 높이 평가하는 사회적 세계에서 부모가 된다는 것은 겸손을 배울 수 있는 학교를 만나는 것이다. 우리가 자녀에게 깊은 관심을 갖고 있지만 원하는 대로 자녀를 고를 수는 없다는 사실은 예상치 못한 것을 열린 마음으로 받아들여야 한다는 점을 부모에게 가르쳐준다. 이러한 열린 태도는 단지 가족 내에서뿐만 아니라 더 넓은 사회에서도 지지하고 긍정할 만한 가치다. 그런 태도는 예상치 못한 것을 감내하고, 불협화음을 수용하고, 통제하려는 충동을 자제하게 만든다. (112쪽)

유전적 강화가 노력과 분투의 의미를 퇴색시킴으로써 인간의 책임성을 약화시킨다고 생각하는 이들이 있다. 하지만 진짜 문제는 책임성의 약화가 아니라 책임성의 증폭이다. 겸손이 와해되면서 책임성이 엄청난 수준으로 확대되는 것이다. 우리는 점점 더 운보다는 선택에 많은 무게를 두게 된다. 아이를 위한 적절한 유전적 특성을 선택한 것이나 선택하지 않은 것에 대한 책임이 부모에게 지워지게 된다. 또 팀의 승리에 도움이 되는 재능을 획득한 것이나 획득하지 못한 것에 대한 책임이 운동선수 자신에게 지워지게 된다. (113쪽)

역설적으로, 자기 자신과 자녀의 운명에 대한 책임성이 증폭되면 자신보다 불운한 사람들과의 연대감이 줄어들 수 있다. 자신의 운명에 본질적으로 우연성이 내재한다는 사실을 분명히 인식할수록 자신의 운명을 타인과 공유할 이유는 많아진다. (116쪽)

건강과 행복을 누리는 사람들이 갖고 있는 자연적인 재능은 전적으로 그들 자신의 행동의 결과라기보다는 좋은 운 때문이다. 다시 말해 유전적 제비뽑기의 결과다. 우리가 가진 유전적 재능이 우리의 권리를 주장할 수 있는 성취물이 아니라 주어진 선물이라면, 그 재능으로 시장경제에서 거둬들인 수확물을 전부 소유할 권리가 우리에게 있다고 가정하는 것은 착각이요, 자만일 것이다. 따라서 우리에게는 자신의 잘못이 아님에도 상대적으로 주어진 재능을 덜 갖고 태어난 사람들과 그 수확물을 공유할 의무가 있다. (117-118쪽)

선물로 주어진 재능의 우연성을 명확히 인식하면, 즉 성공이 전적으로 자신의 행동의 결과만은 아니라는 점을 인식하면 능력주의 사회가 거만한 가정에 빠지는 것을 막을 수 있다. 성공은 능력과 미덕을 가진 자만이 쓸 수 있는 왕관이며, 부자들이 부자인 것은 가난한 이들보다 그런 부를 누릴 자격이 더 있기 때문이라는 가정 말이다. (118쪽)

우리가 이 책을 읽는 이유는 이런 글들을 만나고 싶기 때문일 것이다. 제5장은 우리가 노력의 중요성을 인정하면서도 왜 삶과 재능을 선물로 이해해야 하는지를 잘 설명해주고 있는, 이 책의 가장 중심적 테제를 담은 장이다.

에필로그는 지금까지의 논의를 바탕으로, 특히 배아 줄기세포 연구 문제를 집중적으로 다루고 있다. 배아 줄기세포 연구는 초기 배아에서 줄기세포를 추출하여 이를 배양하고 거기에서 각종 퇴행성 질환에 대한 치료법을 개발하려는 연구를 말한다. 그런데 이 연구에는 난자와 정자를 구하는 단계에서 시작하여 각 단계마다 많은 윤리적 제약이 따를 수밖에 없다. 정자와 난자가 결합한 결합체(이는 다시 세포분열과 접합을 통해 배아가 된다)가 만들어지고 세포분열이 이루어지는 단계부터 이미 인간 생명은 시작되었다고 볼 수 있기 때문이다.

샌델은 이 글에서 배아 줄기세포 연구의 모든 부분을 다루는 것이

완벽에
대 한
반 론

아니라, 미국의 불임클리닉에서 출산을 위해 수정한 배아 가운데 착상되지 못해서 폐기할 수밖에 없는 여분의 배아를 연구 목적으로 활용하는 경우로 한정하여 논의를 전개한다.

이와 관련하여 샌델은 2006년 부시 대통령이 배아 줄기세포 연구에 대한 연방재정지원을 거부했던 사례를 소개했는데, 거부 이유는 이 연구가 "무고한 생명을 빼앗는 행위"라는 것이다. 여기서 샌델은 배아를 과연 인격체로 볼 수 있는가라는 점에 주목한다. 배아가 생명^{life}이 있는 인간적^{human}인 존재라고 할 수 있지만, 그렇다고 배아가 곧 인격체^{person}로서의 도덕적 지위를 갖는다고는 볼 수 없다. 마치 수술을 위해 적출한 피부가 인간의 일부이고 생명이 있다고 해서 그것이 곧 인격체라고 부를 수는 없는 것과 마찬가지다.

그런데 이런 접근과 더불어 샌델이 제안하는 것은, 인간적 존중심을 가져야 할 대상을 규정하는 태도다. 그는 "인간 존중에 관한 이분법적 윤리를 고집하여 인간 이외의 모든 것에 공리주의적 계산을 적용하는" 자세를 비판한다. "모든 도덕적 문제를 인격체를 구분하는 경계선을 둘러싼 싸움으로 만들어버릴 위험"에 빠지기 때문이다. 오히려 그는 "생명과 삶을 선물로 보는 인식을 더욱 확장"하여 세계에 대한 경외심을 회복하고 자신이 선택한 것이 아니라 선물로 주어진 삶에 대한 경외심을 가질 것을 촉구한다.

이런 근본적인 태도 변화의 기초 위에서만, 배아 줄기세포 연구를 제한적으로 시행할 수 있다는 샌델의 주장을 이해할 수 있다. 샌델의 주장은 생명의 범주를 축소하여 생명공학적 강화의 윤리, 완벽을 지향하는 프로메테우스적 열망을 지원하자는 것이 아니라, 오히려 주어진 것에 대하여 존중과 경외의 태도를 가짐으로써 인간적 겸손을 강조하고, 인간에 걸맞은 적절한 책임감을 가지며, 나아가 연대가 넘치는 사회를 형성하려는 데 있다. 샌델의 주장은 배아 줄기세포 연구에 개입된 윤리적 논란을 회피하기 위해 다른 방향의 생명공학적 노력을 취한다 해도 여전히 우리가 주목할 수밖에 없는 중요한 윤리적 지침이 된다.

지금까지 샌델(마이클 샌델과 그의 아들 애덤 샌델)이 쓴 다섯 권의 책이 와이즈베리에서 출간될 때마다 감수자로서의 역할, 그리고 감수에 가까운 공역자의 역할을 해왔다. 이렇게 샌델의 글을 정독할 기회를 가지며 나는 그가 선택한 단어 하나하나에 주목할 수 있었다. 이번 작업에서는 특히 하나의 표현이 눈길을 끌었다. 그것은 "마음의 습관과 존재 방식habit of the mind and way of being"(123쪽)이라는 표현이다. '마음의 습관'은 오래전 토크빌Tocqueville이 민주주의를 긍정적 방식으로 이끌어가는 미국인들의 삶의 태도를 가리키며 썼던 말로, 이후 사회학자 로버트 벨라Robert N. Bellah가 공저한 책의 제목Habits of the Heart으로 사용되기도 했다.

샌델은 이 책을 통해서 사람들의 마음에 담긴 습관과 존재 방식에 대해 근본적으로 반성하기를 바라고 있다. 『정치와 도덕을 말하다Public Philosophy』(2016, 와이즈베리)에서 샌델은 자유주의적 정신이 오늘의 미국 사회를 지배하게 된 것은 그리 오래된 일이 아님을 명확히 보여주었다. 그 자유주의가 미국인의 삶을 잘 이끌고 있지 못하고 있음도 사실이라고 했다. 그리고 시민들은 자치라는 자유의 실천을 추구해야 하며, 시민적 책임을 다함으로써 좋은 사회를 만들 수 있다는 대안적 관점을 제시한다. 우리가 샌델의 책에 관심을 갖게 되는 이유는 그를 통해 우리의 마음의 습관과 존재 방식에 대해 되돌아볼 수 있기 때문일 것이다.

2010년 한국에 몰아친 '정의론' 열풍을 시작으로 지금까지도 마이클 샌델의 저작들이 주목을 받는 것은 왜일까? 현재 우리의 생각을 지배하고 있는 사상들이 결코 절대적인 것이 아니며, 어느 틈엔가 우리의 마음에 자리 잡고 주인 행세를 하고 있다는 것, 그리고 우리의 삶을 풍요롭게 하는 것이 아니라 오히려 질곡에 빠트리고 있다는 것을 일깨우기 때문이라고 생각한다. 우리는 샌델과 더불어 생각하면서 우리 사회와 자신을 돌아보았던 것이다.

이제 여기서 한 걸음 더 나아가 우리가 가져야 할 윤리는 무엇이고,

우리의 존재 방식으로 나타나는 사회의 가치와 원리가 어떤 것이어야
하는지를 혼자서, 또 여럿이서 함께 생각해보고 표현해볼 때가 되지
않았나 싶다.

김선욱
숭실대학교 철학과 교수

완벽에
대 한
반 론

찾아보기

완벽에
대 한
반 론

완벽에
대 한
반 론

생명공학 시대, 인간의 욕망과 생명윤리

완벽에 대한 반론

초판 1쇄 발행 2016년 6월 27일 | 초판 18쇄 발행 2024년 6월 17일

지은이 마이클 샌델 | 감수 김선욱 | 옮긴이 이수경

펴낸이 신광수
CS본부장 강윤구 | 출판개발실장 위귀영 | 디자인실장 손현지
단행본팀 김혜연, 조문채, 정혜리
출판디자인팀 최진아, 당승근 | 저작권 김마이, 이아람
출판사업팀 이용복, 민현기, 우광일, 김선영, 신지애, 이강원, 정유, 정슬기, 허성배, 정재욱,
         박세화, 김종민, 전지현, 정영묵
영업관리파트 홍주희, 이은비, 정은정
CS지원팀 강승훈, 봉대중, 이주연, 이형배, 전효정, 이우성, 신재윤, 장현우, 정보길

펴낸곳 (주)미래엔 | 등록 1950년 11월 1일(제16-67호)
주소 06532 서울시 서초구 신반포로 321
미래엔 고객센터 1800-8890
팩스 (02)541-8249 | 이메일 bookfolio@mirae-n.com
홈페이지 www.mirae-n.com

ISBN 978-89-378-3877-4 03190

와이즈베리는 참신한 시각, 독창적인 아이디어를 환영합니다.
기획 취지와 개요, 연락처를 bookfolio@mirae-n.com으로 보내주십시오.
와이즈베리와 함께 새로운 문화를 창조할 여러분의 많은 투고를 기다립니다.

「이 도서의 국립중앙도서관 출판예정도서목록(CIP)은 서지정보유통지원시스템 홈페이지(http://seoji.nl.go.kr)와
국가자료공동목록시스템(http://www.nl.go.kr/kolisnet)에서 이용하실 수 있습니다.
(CIP제어번호: CIP2016014762)」